Cuando cae la tarde

Cinta Concepción Toscano

WANCEULEN
EDITORIAL

Ediciones Moreno Mejías ∭

Título: CUANDO CAE LA TARDE
Autora: CINTA CONCEPCIÓN TOSCANO
Fotografía de portada: JOSÉ LUIS RÚA NÁCHER
Editorial: EDICIONES MORENO MEJÍAS. EDITORIAL WANCEULEN.
       C/ Cristo del Desamparo y Abandono, 56. 41006. SEVILLA.
       www.edicionesmorenomejias.com
ISBN: 978-84-9993-531-1
Depósito Legal: SE 4762-2012
© Copyright: EDICIONES MORENO MEJÍAS. EDITORIAL WANCEULEN.
Primera edición: Otoño de 2012.
Impreso en España: Publidisa

A mi familia

*No tengo miedo al invierno con
tu recuerdo lleno de sol.*

Eduardo Falú

PRÓLOGO

LA PRIMERA VEZ

La primera vez que pude saborear algún escrito tuyo, recuerdo que provocaste que mis ojos se quedaran como perdidos dentro de tus palabras y que sintiera que me invitabas a ir, contigo, hasta tu sofá, un rato antes de apagar las luces, para dejar que me contaras lo mejor que tuvo aquel día.

Desde entonces, he estado acudiendo, cada uno de mis días, a tu lado, esperando que me los contaras.

La primera vez que me hablaste de ti, de él, de ellas o de ellos, competías por demostrarme, al igual que haces en cualquiera de tus aficiones, que nunca necesitarás de la motivación de nadie para sentir y expresar lo que ves desde tu alma. Por eso, sé que nada podrá impedirte dar a luz cualquiera de esos instantes que compones, con tu suave, cercana y emotiva prosa, delante de la pantalla de tu ordenador. Mostrándonos todo lo que nos cuentas con esa sutil ironía que, siempre, usas para hablar sin molestar.

¡Y, de ese modo, cautivarnos!

La primera vez que, después de leerte, pensé; "maravilloso", me hiciste exprimir aquellos renglones, una y otra vez, como si fueran cualquiera de esos limones con los que decoras tu casa. Y el temblor de esa visión tuvo que tener algo de culpa de que, a partir de ese instante, más que decirme las cosas, me las hayas ido contando.

Por aquel entonces, ya llevarías casi un año escribiéndonos.

La primera vez que te hablé de crear algún libro con todo lo que ibas escribiendo, intuí que te entró algo de pánico y que, por eso, solo alcanzaste a pulsar un tímido "me gusta" en aquel comentario, que pareció inoportuno, del Facebook.

La primera vez que presentí que un dolor te hizo quejarte, aunque solo fuera en alguno de tus renglones, supe que habías hallado el remedio del afecto, el cariño y el consuelo de tus amigos del Facebook. Y, desde entonces, nunca más ha tenido razón para una queja.

La primera vez que sentiste; "quiero envejecer a su lado", supe que, ni siquiera, te atreverías a decírselo. Y que preferías contárnoslo a nosotros.

Así hemos ido yendo, tú, yo o nosotros, como si de una primera vez se tratara, a nuestro encuentro diario.

Antes de despedir cada día.

Pensando en lo afortunados que éramos al seguir compartiendo, contigo, todos estos renglones de vida que nos vienes regalando.

Y dejando, en cada fecha, una nueva primera vez entre nosotros.

Al igual que hoy, que todo vuelve a ser como que al principio…

Manuel J. Gil Sevillano

Cuando cae la tarde

Cinta Concepción Toscano

1 de agosto

Me he propuesto compartir cada día de este mes con mis amigos de Facebook una de las pequeñas cosas diarias que nos hacen felices. Para cada uno, estas cosas son diferentes. Yo, modestamente, os dejaré las mías. Mi momento feliz del día 1 ha sido admirar desde una altura considerable una maravillosa vista de la playa de Canela. La barra, las marismas, pura belleza.

2 de agosto

Para comer, fuente de pescado frito....rico, rico, de la costa ayamontina. Pero en agosto, con precios para madrileños, la plaza de abastos de Ayamonte es casi prohibitiva para los locales. ¿no podríamos tener un carné de residente para hacer la compra?

3 de agosto

Ida y vuelta en bici Ayamonte-Isla canela....... si la subida y bajada del puente coincide con la puesta de sol................. y si además en ese momento suena en el mp3 "The winner takes it all" de ABBA (sí, soy una romántica ¿y qué?) entenderéis por qué ha sido el momento del día......

4 de agosto

.......hoy os dejo unos versos de Ángel González, que me han hecho sonreír por un momento................. "los nombres que te invento no te crean. Sólo - a veces son como la luz los nombres....-te iluminan"

5 de agosto

Momento especial del día, los tres pares de banderillas que puso El Fandi al 3º toro de la corrida de hoy de Colombinas... Maravillosos...... el ambiente, de lujo, y las entradas, estupendas, gentileza de unos buenos amigos . ¿Se puede pedir más?

6 de agosto

Día intenso, sol, agua, deporte....... pero lo mejor del día, volver a casa, y estos momentos de tranquilidad, sofá y buena compañía.......

7 de agosto

.......un poco chafada por no ir al Salvador ... Me consuelo con un heladito después de cenar. Por una vez, no me funciona el cuentacalorías que traigo incorporado de serie desde que nací.... ¡¡¡¡¡¡¡¡¡¡¡que le den!!!!!!!!!!!!!!!!

8 de agosto

No sé que madera tocar....pero a día de hoy, este verano se está portando bien........ solo 4 diítas de lumbago, un par de cortes en los pies y poco más..........¿y mi otitis de verano? ¿quién la tiene? Sin prisas, no la necesito............ te la puedes quedar..........

9 de agosto

Estupendo día de playa en la isla de Fuzeta (Portugal). Ferry lleno, playa animada yyyyyyyyy .... ni un grito, una conversación mas alta de la cuenta, ni un niño molestando. ¡¡¡¡¡a ver cuando aprendemos los españoles de nuestros vecinos portugueses!!!!!!!!!

10 de agosto

¡Cómo se disfruta el verano con las niñas cerca! recuerdas canciones, cuentos y juegos y sacas amor y paciencia cuando creías que no te quedaba mas para compartir. Gracias, Paula e Irene, las pequeñas de nuestra gran familia, por hacer mejor todavía nuestra isla.......El Chufo y yo os echaremos tanto de menos cuando volváis a casa..... Por cierto.. ¡qu buena excusa para ir este invierno a Madrid.......!

11 de agosto

¡Qué buen rollo! noche de chicas (madre, hermana, 4 sobrinas y yo) hemos visto "Mamma mía" en el cine de verano de I. Canela.......... Hemos cantado, reído y bailado y alguna se ha inflado a palomitas...... Por cierto, propongo el baile con arena hasta los tobillos como deporte olímpico....!!!!   I´m   the   dancing queennnnnnnnnnnnnn !!!!!!!!!

12 de agosto

Esta mañana ha llovido y yo me he unido al club de las señoras que salen de la pelu, y se ponen un plástico pá no fastidiarse el peinado con la lluvia......... !!!! SI!!! no puedo ocultarlo ......sobre todo porque mi amiga Marisol Guadamillas me vió por la calle ......jajajajajaj..... (se partía de la risa, claro)

13 de agosto

(Con algunas horas de retraso). Día muy, muy, feliz....Se ha bautizado Irene, la pequeña de la familia.. Todo ha salido de maravilla. Pondré fotos, muuuuuuuuchas fotos después. Son momentos que sirven para unirnos mas todavía y valorar la suerte que tengo de tener una familia tan estupenda.........ah! también sirven para hartarnos de bailar y de reir!!!!!! ¡¡¡Y vaya padrino guapo y estiloso!!!!! ¿he dicho ya que el padrino fue mi hijo Andrés?

14 de agosto.

Después de la tempestad, viene la calma........... jornada post-bautizo.... Casi mejor recordar que vivir............

15 de agosto

Hoy vengo porteña, tanguista y emocionada..... En el patio de La Jabonería (chapeau, familia Aguilera), concierto de tangos. Experiencia nueva, y otra visión de esta música mas allá de Gardel y "La cumparsita".... Pienso "Volverrrrrrrr, con la frente marchita, las nieves del tiempo................Etc."

16 de agosto

Como en los últimos 5 veranos, releo "Souvenirs d´enfance" de Marcel Pagnol.Y otra vez me emociono y río con las andanzas, la ternura y la ingenuidad de los primeros amores del pequeño Marcel, en las colinas de La Treille.De los 4 tomos, el 3º, "Le temps des amours", me recuerda tanto esos veranos de los 70, vacaciones, amigos, y ese pellizquito en el corazón, esa risa floja que seguro que todos habéis "padecido" a los 13, 14. El que no, todavía está a tiempo "des amours"

17 de agosto

Día en Praia do Cabeço. Os recomiendo el sitio donde comimos: "Sem Espinhos". Precioso local, vistazas al mar y buen servicio. Pero...por Dios, no pidáis la sangría de naranja y fresas naturales con rosado espumoso. O pedidla, si queréis pagar 18 euritos (uffffff) y pasar la tarde como un pez globo por culpa de los gases (aggggg).

18 de agosto

Para mí, uno de los pequeños-grandes placeres de la vida es dormir a un bebé en brazos. Anoche, a Irenita. Si es cantándole el repertorio tradicional (Pimpón, Los Alpinos, La Abeja Maya, etc.) ya, para nota. La pena es que solo me funciona con niños muy pequeños. En cuanto desarrollan el mas mínimo sentido musical se dan cuenta de que Dios no me ha llamado por el camino del bel canto y berrean mas fuerte que yo..!..

19 de junio

El calor nos echa de casa y el viento y la arena nos hacen volver antes de una hora. Ya extrañábamos este verano esa mezcla de mistral y simún que asusta a los forasteros y nos devuelve la I. Canela de siempre. Es el mismo viento que, mientras escribo esto, trae a mis oídos los sonidos del "Hey Jude"....... Gracias, viento canelero.........

18 de agosto

Paula y yo nos bañamos esta tarde, mientras caían gotas de agua, grandes como las cerezas que le encantan. Oyéndola cantar "que llueva, que llueva, la virgen de la

Cueva".. también yo cantaba "reloj, no marques las horas......" ! Por favor, que no se acabe este verano...!

18 *de agosto*

¡¡Oppss!! Lo he vuelto a hacer!!! Solo he necesitado un par de escenas en una peli tonta de sobremesa. Árboles con luces, chimenea y villancicos, y, como cada verano, el espíritu de la navidad me posee .... ! Santa Claus, sal de mi cuerpo

22 *de agosto*

Hablo con alguien a quien quiero mucho, a pocas horas de cumplir los veintitantos (ella, no yo, jajaja). No es su mejor momento, dice. Nunca es el mejor momento, vendrán mejores, seguro, le contesto. Espero verlos y compartirlos contigo. Pero ahora, por encima de los cien metros que separan tu casa de la mía, levanto un trozo de chocolate (nuestra común adicción) y brindo por ti, mi querida sobrina Clara.

23 *de agosto*

Nuestra apacible isla se deja invadir, agujerear y atronar todos los veranos por los que la asaltamos........ Pero muy de vez en cuando, en plan isla de "Perdidos", saca sus olas a pasear y nos demuestra quien manda aquí de verdad. El resultado del Poniente de estos días, piraguas volcadas, palistas apurados, rescates oportunos...... ¡Tranquila, Isla Canela........ en unos días, volverá la paz que te robamos!

24 de agosto

Viendo el 1er. capítulo de "Marshland". Y al mismo tiempo, arrepintiéndome!! uf, que miedito!! La típica historia de casa con fantasma, y yo, la típica masoca que ve esas cosas sabiendo que tendré pesadillas, aunque la trilogía "Milenium" me haya puesto el listón muy alto en materia de horrores. Una de las contradicciones de mi vida......vivo en la Arcadia, sueño en el Averno.

25 de agosto

Oliendo a humo, polvorienta y cansada. Pero feliz. Así vuelvo de las jornadas medievales del castillo de Castromarín, en Portugal. Todos los años vamos y os aseguro que por unas horas vives la experiencia de probar lo bueno y malo de la edad media. Desfiles, música en la calle, luchas de guerreros y muchos, muchos tenderetes de dulces... Y se paga en reais.... Id, si podéis..... Duran hasta el domingo. Y ahora, a dormir en mi camita siglo XXI. Buenas noches, Vuesas Mercedes.

26 de agosto

He vuelto al patio de la Jabonería, esta vez a por mi dosis de música clásica de este verano. Orquesta de cámara, programa variado... Y mi admiración, como siempre, al arte en cualquiera de sus versiones. Y ese bis del "Zapateado" de Sarasate... !emocionante! y ese madrileño sobraíto que no ha parao de hablar en tó el concierto... "Vete pá Madrí, vete Joselín"..... Para el resto del público, madrileños educados incluidos, mi aplauso por bulerías.

27 de agosto

¿Que qué hago escribiendo a estas horas? Pues desprenderme del espíritu del fandango, del que vengo poseída de "Fandagos bajo la luna" Soy fácil de poseer, metafóricamente hablando, jaja. Que gozada, cuanto arte y tan cercano. 500 personas en "La Jabonería" y en el asiento de delante (os lo juro por la gloria de Paco Toronjo) el mismo madrileño de ayer. Hoy no habló. De hecho, ni aplaudió siquiera. Ni falta que hizo. Los demás, a rabiar! Que bonito es el fandango, al amanecer del díiiiaaa!

28 de agosto

Hoy, nada, rien, nothing...... Calma total, tele y sofá. !Estoy matá........jajajaj! Salgo 3 noches seguidas y me siento como si hubiera tomado estramonio..uy! me he pasado...pero hoy solo he bajado a por un bañito y pá casa........hombre, el que tenga un dedo del pie como una morcilla de Burgos tampoco me anima a irme de rave, precisamente, jajajaj.

29 de agosto

Cuantas sensaciones he compartido con vosotros! Una impresionante vista aérea de la isla; en la Jabonería, música de tres culturas solo para mis oídos; en mi boca, el sabor a mar de las navajas recién cogidas por Jose; el tacto de las manitas de Paula en las mías cuando giramos y giramos. Hasta hoy, que agosto acaba, y llega, volando desde la piscina de Playa Alta, transportándome a otros paraísos, lejos de nuestro pequeño mundo de verano, el olor del aceite de coco !Gracias,vida !

30 de agosto

Venga, que no decaiga... ¿Que se acaba agosto? ¿Y qué? Llega septiembre, el fresquito, la playa vacía, comprar churros sin hacer cola... !Positivo, siempre positivo..! Y ahora, después de mentir como una bellaca, me retiro a mis aposentos, jajajaja.... !Las lágrimas no me dejan ver el teclado!

31 de agosto

Toca balance: en un lado, risas, familia, sol, amigos, brindis. En el otro, rebelión de la báscula, dedo chafao y la casi-ausencia de alguien que me es fundamental. (Como espero resarcirme de estas tres cositas, gana lo positivo por goleada). Y, planeando por encima de todo, la presencia constante de mi elfo doméstico, que me cuida, me acompaña y no me deja dar ni un paso atrás. De esta casi-ausencia y de esta total-presencia: "Dios y mi canto, saben a quien nombro tanto", que diría Serrat.

1 de septiembre

He leído por ahí que a veces en la vida creemos que las cosas se acaban, cuando en realidad se suspenden en el tiempo. Y basta una lluvia purificadora, como la que ha caído hoy sobre Ayamonte, para que nos sean devueltas. Veo llover sobre las casetas a medio montar y vuelven a mi las ferias de otras épocas, y no me reconozco en la niña, la madre joven, que pisaba ese albero. Hoy me he dado cuenta de que nunca es la misma lluvia, ni nosotros los mismos que ayer nos mojábamos....

2 de septiembre

Espero noticias de la Federación Española de Ciclismo. No sé si me homologarán mi récord de ayer con la bici: Doce minutos de reloj para desenredar el pedal derecho del patacabra.....jajjajajaja....... ¡¡¡no se puede ser mas torponcia!!!!!!!!

3 de septiembre

Veo un pelicursi en Canalsur....y me deja al borde del coma diabético (figurado, eh?). Cuanto azúcar! Pero me gusta.....aunque el final no sea nada, nada feliz. Desde la autoridad que me da haber tocado fondo y tener el cielo entre las manos, un consejo: "All you need is love, papapapa, pa, all you need is love, love, love is all you need". Vale, si, luego me lo plagiaron los Beatles, pero la frase es mía........

4 de septiembre

¡Estoy matá! Paula, nuestra mini-invitada, acaba de dormirse..... Solo ha necesitado 4 veces el cuento de "Los 3 cerditos", lo que bien pensado hace un total de 12 cerditos y 4 lobos. De repente odio el jamón, el secreto y la presa-paleta........ Mañana le contaré el de "La cenicienta", aunque no creo que por eso me dejen de gustar los zapatos..... Es agotador. Gracias, Señor, por la menopausia.......jajajajaja

5 de septiembre

(con un día de retraso): De como una niña de 2 años y medio me enseña a manejar un D.V.D. portátil. (con veinte años de retraso por mi parte)

6 de septiembre

Mi elfo doméstico, más conocido por J.L.Rúa, y yo, disfrutamos desde hace una hora de un merecidísimo descanso. Os preguntaréis ¿stress laboral, sexo salvaje, cambio de domicilio? ¡¡¡¡¡¡¡ERROR!!!!!!!!! hemos cuidado de una niña pequeña durante 50 eternas horas.......eternas, agotadoras y gratificantes ...... y a partir de mañana, otras 50 horas para dejar la casa como estaba!!!!!!!! Cobramos barato.......con unas varitas de nardo me considero "la bien pagá"....jajajajaja

7 de septiembre

Compartimos cena y conversación con nuestros amigos asturianos, tan enamorados de Ayamonte que nos hacen ver, a través de sus ojos, facetas de nuestra tierra que no apreciamos como se merecen. Hoy, cansada y baja de inspiración, me despido con "Cerrado por ferias".

8 de septiembre

¡Qué desastre de día! La prueba palpable de la ley de Murphy......Ni uno solo de los planes que teníamos ha salido bien...ni barco, ni picnic, ni procesión, ni cena, ni ná de ná. Bueno, algo sí... Ibuprofeno, un susto del 15, algo de tensión.....A 5 km de distancia, veo el castillo de fuegos artificiales que explota sobre Ayamonte, y me digo "Ya pasó el día". Y por favor, Murphy, for your mother, no te acuerdes más de mí, y menos !!!!!!!!!el día de mi santo....!!!!!!!!!!

9 de septiembre

Mañana empieza su tour skimero mi campeón......... 1º en Francia y después en Cádiz. Es la 1 menos cuarto de la mañana y acaba de hacer la maleta.....! muy previsor no es, la verdad! Después de un largo verano juntos, vamos a echarlo mucho de menos........ Pero alguna contrapartida hay a su ausencia. !!!!!!!!!!!!!!!me deja en depósito su ordenador para mi solita 15 días!!!!!!!!!!! En dos semanas, nos vemos en Trafalgar..... Buen viaje y buenas olas, mon amour.........

10 de septiembre

Irene y Paula han vuelto hoy a Madrid. 2 meses en I.Canela y se van doradas, crecidas y rubias caneleras (color que se consigue solo aquí con sol, cloro y salitre de la isla). Irene nos deja sus 1os. pasos y Paula se lleva un acento ayamontino (ajáii, chiquiiilla, no-ni-ná) que va a marcar tendencia este otoño en su pijiguardería. Nos quedamos tristes y !relajados! Ya nos faltan....pero volverán como el turrón, por Navidad. Nos han enseñado tanto........

11 de septiembre

Mi cama se está convirtiendo en un gran agujero blanco que nos abduce y atrapa. Hoy el pobre Chufo no ha conseguido escapar hasta las 12 y media, y solo después de una ardua batalla contra el látex secuestrador.... No contenta con eso, y contra mi voluntad (os lo juro por Snoopy) me ha obligado a dormir la siesta a mí hasta las 7 de la tarde..... !Nos controla!!! Necesitamos urgentemente un exorcista de camas!!!!!!!!

12 de septiembre

Os aviso, hoy no merece la pena que me leais.........
Estamos en un estado tal de relax (sin niñas, sin Andrés,
sin vecinos) que lo más excitante del día ha sido elegir el
gel de baño en el Mercadona......... Me sumerjo en la
lectura de "El país de la nube blanca" y Nueva Zelanda
invade Isla Canela, las montañas a las dunas y los pocos
veraneantes que quedan parecen maoríes....... Y Jose y yo
hemos asustado a los mirlos con la "haka"...........

14 de septiembre

Cronometrado. Desde el puente de Canela al lago de los
Holandeses, tardo en bici lo que va desde el 1º al último
acorde de "Magic Black Woman" de Santana. Extraña
forma de medir el tiempo. Pedaleo, cabeceo, me meneo,
y el Chufo, que me sigue, sonríe y ya sabe lo que
escucho........ Al parar, en vez de Aquarius, me ofrece un
imaginario tequila. Y cuando suena "Samba pá tí", soy yo
quien frena y lo abraza en mitad del carril-bici.... !Ay..que
tontita que me he puesto hoy!!!!!

15 de septiembre

Por fin, y al tercer intento, noche de fados.
Sorprendentemente, el sitio y la cena, bastante buenos.
Los fados, bonitos, tristes y demasiados. Abstenerse
caracteres melancólicos, espíritus entristecidos y
navegantes solitarios... !!!!!!Que bajón!!!!! Adoro Portugal,
pero si La Habana es Cádiz con mas negritos, Portugal es
España con mas Valium...... y le doy a "publicar", antes
de que la corrección política se apodere de mí.........

16 de septiembre

Seguro que, como yo, muchos de vosotros sois amantes de los libros y la literatura. Quedáis entonces convocados a casa el martes próximo para una "kedada bibliófila". !Ha empezado la limpieza de otoño, y 3000 libros polvorientos esperan.........! ¡cada uno que lleve su plumero y su mascarilla antipolvo! !Es el día de las librerías, estantes y escondrijos varios...! !!!!un E-book, ya!!!!

17 de septiembre

Maravilloso Guadiana. Lo subimos, como cada año, acompañando la regata de piraguas. No me defrauda, mi río. Atracamos frente a la Foz de Odeleite y, al otro lado, la orilla española era una pintura en verdes y ocres, cañaverales y granados. Y en medio, yo, agarrada a la escalerilla del barco, la cabeza bajo el agua, arrepintiéndome de mi chulería "No, si aquí no tira la corriente......."

18 de septiembre

Cuenta atrás en las horas de luz. Lo que hace 10 días era claridad, da ya paso a un crepúsculo que desdibuja la palmera que roza la ventana de mi cocina. Anoche, con el Poniente soplando a pleno pulmón, las palmas repiqueteaban en los cristales.... Ahora, cansados después de haber ayudado a gassol y cia. a ganar el oro, cerramos las persianas..... Buenas noches, horizonte........

19 de septiembre

Día de revisión para el coche. Por dentro, todo perfecto. Por fuera, el mecánico, tan sentimental como yo, deja tal cual la trayectoria vital de nuestro coche este verano, que ha sido la nuestra...un arañazo que le hicimos en Faro, un bollito que nos trajimos de Cádiz, un raspón de Praia Verde, un chocazo de la bici de Paulita....... Pequeñas cicatrices en la chapa, momentos para guardar en el disco duro de mi memoria.

20 de septiembre

Oigo trinos por todos lados. No, ni me he vuelto loca (todavía) ni me he convertido en Tippi Hendren (ya me gustaría). A falta de sevillanos y madrileños, los pájaros ocupan mi urbanización. Donde hace 20 días había toallas y niños jugando, las bandadas de gorriones campan a sus anchas. Mirlos y palomas turcas se esconden en las palmeras y el bando de isabelitas de pico rojo me distrae mientras friego los platos... Me encantan mis nuevos vecinos....

21 de septiembre

Pensé que no me pasaría nunca, pero....echo de menos el principio de curso....Ya no queda nadie en casa que espere septiembre con miedo o ilusión, compre libros y reencuentre amigos. Ni Insti, ni Uni, ni Escuela de Idiomas...Otra etapa que ya pasó por nuestras vidas. Y esta mañana mi chufo y yo, resignados a nuestra condición de ninis, y con toda la penita del mundo, nos bajamos a la orilla, a coger longuerones. (Se me acaba de poner la nariz como a Pinocho).

22 de septiembre

Mis sobrinas mayores empiezan el curso. Dos de ellas estrenan, incluso, condición de universitarias. Las otras dos, veteranas. Todas, con nuevas ilusiones, sueños y proyectos...... A pesar de los nervios y algunas lágrimas que sequé ayer....os envidio. Sois el futuro de nuestro proyecto vital como familia ...... Yo, con la autoridad que me da haber sido la universitaria mas fugaz de la familia (ni un curso), os digo: "A por ellos, oé." (A por los sueños, ¿eh?, no a por los compañeros de clase). Para Clara, Victoria, Julia y Celia.

23 de septiembre

Reencuentro con Andrés, después de 15 días sin vernos. La cita, en el faro de Trafalgar. El persigue olas, y nosotros lo seguimos a él y a su tabla de skim.... El escenario es grandioso.... un mar inmenso y verde y el faro que vigila. Y como banda sonora, los cañonazos de la Armada inglesa, con Nelson al frente, que desarbolaban barcos españoles. ¿Cañonazos? ¿No fue la batalla de Trafalgar en 1805? !Pues algo retumbaba!......... Si, no riáis...Era mi corazón.. Las que sean madres lo entenderán... 15 días sin abrazarlo.......

24 de septiembre

Sigo "on tour" por Cádiz y me enamoro de Vejér de la Frontera.. Espectacular... paisajes, historia, gente encantadora y !cuestas de 20 grados! Traigo los gemelos y los glúteos (oséase las pantorrillas y el !ejem! culo) como los del David de Miguel Ángel. Y mi marío, (que ya los llevaba así de serie) se enamora de las ortiguillas... y de las croquetas de erizo.... y yo, otra vez de él, y esto es un "nom stop" de amor..jajajaja ...!!!!Vivan las cuestas!!!!!

25 de septiembre

Ahora, de vuelta a casa, escribo en tiempo real. Maleta deshecha...y en los ojos, todavía, la luz de la Caleta y la piedra ostionera de las casas de los navieros.. !Cuánto me gusta Cádiz! Y como buena cateta a babor que soy, hago fotos a los gatos del paseo marítimo, a las gaviotas del Fuerte y como tortillitas de camarones en la plaza de las Flores.. Y ya acabo, que esto parece un cuplé de Paco Alba.....

26 de septiembre

1er. paso para el comienzo de mi nuevo hobby (el huerto-terracero): despejar la zona. ¿La forma más fácil? Regalar TODOS los muebles. No valen las medias tintas. Ahora, lo 2º: información (no tengo ni puñetera idea). Ahí entran Internet y los amigos apañaos. 3º: camelarme a alguno para que me suba la tierra y los contenedores (es lo que veo más complicado, después de fracasar con los hombres de mi vida) Y 4º: no distraerme con las vistas y regar a diario....Uyyyyyyy........donde me he metido..... Bueno, todo sea por la sostenibilidad del planeta...jajajaja

27 de septiembre

Tiquis-miquis y melindrosos, absténeos...... Hoy va de cacas..... de cacas de perros.......... De las que no ví ni una en Cádiz, y tengo que sortear cuando ando por Ayamonte.... No lo entiendo. Presumimos, y con razón, de pueblo bonito, limpio, y con clase. Hasta que dejamos salir a los perritos a la calle, y miramos para otro sitio cuando....... Que las cacas son antihigiénicas, antiestéticas y antitodo.........menos antideslizantes... Ag, que asco........ Señores, una bolsita, y cada dueño, su caca...... Como en Cádiz, pisha.

30 de septiembre

Interpretación literal de "Tirar la casa por la ventana". Hoy, en mitad de la mudanza de vuelta a casa de Ayamonte, Andrés y yo descubrimos que si tirábamos las bolsas de la ropa y demás trastos desde arriba, ahorrábamos bajar tropecientos escalones. Pensado y hecho. A pesar de la frikada, el traslado me ha dejado matá......... Mañana, ya desde la muy noble y leal ciudad de Ayamonte, espero recuperar los modales y la normalidad, y volver a mi miniblog. Me voy a la cama. Me esperan el ibuprofeno y el Chufo, por orden de importancia........jajajaja.

1 de octubre

Decidimos pintar la casa por fuera. Llamamos al pintor. Nos promete mandarnos el presupuesto rapidito. Hasta ahora todo normal. Perooooo...me paso toda la tarde leyendo el ELLE-decoración. y.....me descubren la nueva tendencia que arrasa en Europa: el shabby-chic, o dirty-chic o destroyer.......Que, en cristiano significa "el encanto de lo desvaido, agrietado y descascarillado". YUPYYYY.....justo como está mi fachada.. Mi parte villorra me dice: ¡Pinta, por dios! Y mi lado "eurochic" (jajajaja) me dice: Mira pá Europa, cateta.....y además te ahorras una pasta!!!!!!! que dilema!!!!!!!

2 de octubre

A 600 kms. me llega esta tarde la voz de Paula. Esta niña capitalina.... me dice, con acento a lo Esperanza Aguirre, que se porta fe-no-me-nal......y que lleva al cole de los pequeños a la enanita (un año). Me río.... y después me quedo tan triste. Hago como el Principito...combato la pena con la puesta de sol. No sé como serían las suyas, desde el asteroide B-612(?)...... pero las mías, sobre el Guadiana....... también funcionan........

3 de octubre

¡Cuánto juego me dan mis sobrin@s, ¿verdad? Tantos y tan vitales... siempre generando noticias en este nuestro pequeño mundo que es mi familia. Guille (27), vuela mañana rumbo a una nueva vida. Lo esperan desafíos, otro idioma, gente por conocer..... Se lleva consigo ilusión, el título de aventurero de la casa, y lo más valioso de todo, a María, su chica, que lo sigue en este reto.! Fly, Guillermo, fly ! Y cuando llegues, abraza a la Sirenita por mí.

4 de octubre

¡Esto no es serio! ¡Así no hay forma de recuperar el ritmo de vida normal! Hago una lista kilométrica de cosas para hacer en el centro..... carpintero, farmacia, librería........ Pero, con treinta grados de temperatura, y una extraña conjunción planetaria (toma ya, que excusa tan buena) no sé como, me encuentro cruzando el puente de canela, dirección playa....y con el bañador puesto. Y ya que estaba allí, pues me tuve que dar un bañito.. y dar un paseito...y como se me había olvidado la lista de los recados.....pá casa...... Lo dicho, no hay forma........ todo se alía contra mí.....! que fatiga de otoño, por Dios!!!

5 de octubre

Todo el día con el cuento de "El traje nuevo del rey" en la cabeza. Sí, ese en el que los cortesanos y súbditos aduladores alababan sin parar el traje inexistente del rey, que solo podía ser visto por los "listos", mientras los sastres timadores se reían. Hasta que un niño, con toda su inocencia, dijo "El Rey está desnudo"... ¿y a qué viene eso hoy? Pues a que yo me atrevo y, a pesar del respeto que me merecen sus años, que no sus títulos, digo: "La Duquesa es una pedazo de frikie".

6 de octubre

Me cuesta escribir esto, porque a veces la verdad, o lo que apreciamos como nuestra verdad, no es agradable. Recorro hoy las calles comerciales de Ayamonte, y percibo cambios ...... Más tiendas cerradas y una sensación de desánimo que parece haber crecido en estas semanas de ausencia. La crisis, el calor africano.. y me vuelvo a casa derrotada..... De 4 artículos, encuentro uno…

7 de octubre

!A carcajada limpia!! Que buena manera de acabar el día! Vemos en el teatro Cardenio la obra "Yo me bajo en la próxima, ¿y usted?", y nos reímos tanto...Y la banda sonora, la mía... !Hacia años que no oía "Black is black"! Me lo he pasado en grande.. Momentos en la obra tan cercanos a los de cualquier relación de pareja..

encuentros, desencuentros, pequeñas miserias y humor para seguir...¡la vida misma! El Chufo saca entrada de prejubilado, todo orgulloso de sus 60 primaveras. Al salir, ha rejuvenecido 40 y lo oigo tararear a los Bravos......

8 de octubre

Empieza la Feira de Vila Real. No me resisto a ir...ni a volver cargada de cosas "imprescindibles"........ Queso de la Serra da Estrela, fragante orégano de los Montinhos, miel de romero.......... y calcetines de deportes de los gitanos..... Pero mi mejor compra de esta feria, una bocina tipo "Mudo-de los-Hermanos-Marx"......... ¡¡¡¡¡¡¡Temblad, caminantes despistados!!!!! Llega el terror del carril-bici!!!!!!!!

9 de octubre

¡Qué avalancha de información! Domingo en casa, invasión de diarios, semanales, dominicales y separatas.... 3 kilos de papel que los lunes desfilan para el contenedor de enfrente. Leo todo, no me creo nada. Bueno, algo sí..........En una esquinita de una página perdida de un dominical, encuentro toda una declaración de principios que suscribo. Es de Isak Dinesen, la escritora de "Memorias de Africa", y dice: "Todo se cura con agua salada: con sudor, con lágrimas o con el mar". Me lo quedo ....

10 de octubre

Nuestros particulares Príncipes de Asturias vuelven a sus cuarteles de invierno. Hace años descubrieron nuestro pueblo. Fue amor a 1ª vista, y desde entonces pasan la mitad de su tiempo entre nosotros. José y yo tenemos la gran suerte de ser sus amigos y aprender de ellos esa maravillosa actitud ante la vida que les hace disfrutar de todo. Este largo verano hemos compartido risas, fados, fandangos, arte, puestas de sol, mar y algunas botellas de Cune...... En primavera seguiremos. Los ayamontinos, como los de Bilbao, nacemos donde queremos....!!!!!!! Hasta en Gijón, como Amalia y Miguel!!!!!!!

11 de octubre

Fracaso total de mi mañana de compras por la muy activa ciudad de Lepe.... No solo no encontré lo que buscaba, sino que nos trajimos una multa de aparcamiento como un camión (de fresas leperas, claro). En un descampado de las afueras del pueblo, donde era poco lógico que hubiese una zona azul. Pues la había. Y nos multaron. Y ponte a buscar 8 euritos sueltos pá anularla. Un show......

12 de octubre

Poco a poco, la casa recupera su antigua piel. Los hermanos Rojas, cirujanos plásticos de fachadas, le devuelven el aspecto que 4 inviernos de lluvias y 4 veranos de sol africano le han ido quitando. Rellenan grietas, curan heridas de la guerra contra el poniente e inundan la terraza de un blanco nuclear que me obliga a desayunar café, tostadas y gafas de sol. Mañana, día de pruebas de color para los cercos de ventanas y balcones. Azul mediterráneo, azul casa-portuguesa-com-certeza, azul pitufo, azul príncipe......... Esta noche !!!!!!!! sueño en cien tonos de azul !!!!

13 de octubre

Después de arduas negociaciones, el pintor-cirujano-jefe y yo firmamos el Tratado del Azul. De mi añil y su cobalto ha surgido un azul violáceo que empieza a trepar por la fachada y que refleja, como un espejo, este cielo sin una nube. No veo la hora de que acaben........ aunque a partir de entonces, y como siempre, vuelva a empezar la cuenta atrás hacia el deterioro...... (uy.....que intenso ha quedado el final....jajajajaj)

14 de octubre

Acompañamos a nuestro amigo Antonio González en la presentación de su libro "La pesca en Ayamonte durante la edad moderna". Aparte de gran historiador e investigador, Antonio es uno de los que yo llamo ayamontinos por amor...1º por amor a Isa, y después por la historia de esta su 2ª tierra. No me canso de decirlo... que buenos fichajes hicimos algunas "niñas"de aquí trayéndonos para acá lo mejor de cada casa ..Como nuestros antepasados conquistadores Rodrigo de Triana, Juan de Zamora y González de Aguilar..... pero con otras armas......... (Un rato en compañía de gente instruida y vuelvo hecha una pedante.....jajajajaja)

15 de octubre

Visita relámpago a Ikea con mi sister nº2....especialista en el tema. Desayunamos como 2 princesas por 4 euritos...... Y después..........gloria bendita: miles de sofás, millones de mesas, billones de cositas-baratas-con -nombres-raros! el paraiso para dos decoadictas. Ya no quiero que me incineren.... Acabo de cambiar mi última voluntad..... Cuando se me gasten las pilas, quiero que me sienten en el sillón Ektorp, me tapen con la mantita Henrika, y, enmedio de la tienda, ¡Hala! a ver comprar a la gente .

16 de octubre

Aviso a navegantas: Prueba de fuego en una relación madre-hijo: Compartir con él una peli gamberra de los ultra-gamberros Hermanos Farrelli. Si no te pones rojotinto, ni te levantas y te vas, tienes superado con nota todo lo que las Teresianas te enseñaron durante 10 años. Y no lo digo por epatar.....solo me asombro de lo que los tiempos cambian...! y yo con ellos!. Eso sí....la venganza del chino será terrible...jajajaja...La próxima vez elijo yo ......! Veremos por 3ª vez "El Diablo viste de Prada"

17 de octubre

El Chufo, muy en su papel de mecenas, se pasa dos tardes recopilando en una carpeta mis humildes y apresurados comentarios de cada día. Yo escribo y olvido. El me lee y me archiva........ ¿Será acaso ese cromosoma que nos diferencia el causante del reparto de funciones? Guarda, colecciona, acapara. Ordeno, clareo, renuevo........ Y así, en una sorda lucha de poder, la casa se llena y se vacía, casi al mismo ritmo que la Luna impone al Guadiana..

18 de octubre

¡Qué pronto he pasado del amor al odio! Hace un mes, todo eran alabanzas a los pájaros de la urba, nuestros casi únicos vecinos de septiembre. Hoy, con la fachada de la casa compitiendo con el cielo y las terrazas y el patio brillando como untadas en miel de romero, el batir de alas me acelera el pulso. Pasan las gaviotas a pocos metros por encima y hasta los escuadrones de flamencos rosa que vuelan hacia el Tambujal, me parecen bombarderos cargados de amenazantes proyectiles ¿Para cuando pañales para pájaros?

19 de octubre

Trayecto casa-Sevilla-casa con mi sister n°4....... Tres horitas de charla, que dan para mucho.... Para ponernos al día de nuestras cosas, las de los maridos y mis niños y sus niñas...... Son tantos ratos compartidos que nos entendemos con medias frases. Ha sido, en este orden, mi hermana pequeña, durante 10 años la mejor de las jefas, y en los malos momentos, la cabeza fría que ponía orden en el caos! Así me ha pagado por ser la culpable del apodo familiar que lleva desde bebé! Lo siento, ese día no estaba muy inspirada. (y hoy tampoco. jajajaja)

20 de octubre

Cumpliendo nuestro destino de prejubilado y prejubilada-consorte, el Chufo y yo hacemos lo que se espera de nosotros: controlar las obras públicas del barrio. Con información de primera mano (gracias, Abel), el nuevo carril-bici deja de tener secretos......... Aunque no opinamos lo mismo sobre la oportunidad de

la inversión, coincidimos al cien por cien en el trazado!!!!!
Cada vez tengo menos excusas para no estar en forma.
El carril....!!!!!! pasa justo por la puerta de casa!!!!!!!!!! No
sé si poner una meta volante o un control antidoping en
la cancela........!

21 de octubre

Ramita a rama, construyo el nido que proteje a mi familia
del exterior. Hoy, los nuevos cortineros y las cortinas
forradas ocupan su lugar en los balcones. Pronto nos
visitarán la lluvia, la humedad y el viento, y pongo
barreras que nos aislen de ellos. Pero solo de ellos. Para
mi desgracia, no está en mis manos alejarlos de lo que
estos días entra en mi casa y en las vuestras......
desapariciones, comunicados a medias, ejecuciones
sumarias......... Como el Principito a su rosa, querría
guardar a mi gente bajo un fanal.... (claro, que, calculando
a ojímetro, tendría que ser !!!!!del tamaño de
Saturno!!!!!!!!!!).

22 de octubre

Mañanita de sábado sobre dos ruedas... Junto con otros
100 ciclistas, participamos en la 1ª jornada de
cicloturismo por el pueblo. !Divertidísimo! Niños
(docenas), padres (uno como mínimo por niño), gente
joven (mucha), maduritos (bastantes), señoras de mi edad
(2, contándome a mí)..... ¿Qué nos pasa a las
cincuentonas? ¿Nos aumenta el sentido del ridículo en
proporción inversa al descenso de hormonas? ¿O será
verdad que, a esa edad, las mujeres se vuelven invisibles?

¡Venga, nenas, que la vida es corta ......! ¡¡¡a mover el body!!!!!

23 de octubre

¡Cómo sopla el viento! Esto se va pareciendo al otoño, por fin..... A mediodía, en el cielo de Isla Canela, las cometas de los surferos voladores parecían fuegos artificiales........ Cincuenta, sesenta, flotando como medusas de colores.. veinte, treinta, posadas en el suelo, que hasta hace dos días ha sido de los correlimos y los adictos a la arena....!Que espectáculo!! Sopla, Poniente, y llena de hombres-pájaros el cielo de la isla.

24 de octubre

Hoy tocó viaje relámpago a Sevilla. Después de tres meses, la encontramos recién lavada por las aguas de anoche. Si la lluvia en Sevilla es pura maravilla, también parece que descontrola la sensación térmica de las sevillanas (las ciudadanas, no el baile)....25 grados y casi todas con botas altas......Bueno, nosotros volvemos como niños con zapatos nuevos. Por un lado, con buenas noticias del médico, y por otro (literalmente) por habernos pasado por Zabol de la calle Asunción. El outlet, ¿eh?, que no está el presupuesto pá derroches.......

25 de octubre

Hoy no hay mirada al exterior. Ni playa, gaviotas, ni bicis. Hoy miro en mi interior y me pregunto el porqué de que mis hijos, que en unas horas cumplirán 29 y 33 años, me irán necesitando cada vez menos. Y por qué yo los iré necesitando cada vez mas....... En un bucle que no

cesa, mi madre precisa de los suyos mas que nunca..........
Como una enredadera, el árbol de la vida nos amarra
unos a otros en un proyecto vital que se repite.........

26 de octubre

Vuelvo a casa esta noche enmedio de un verdadero
vendaval de lluvia y viento.... Los limpiaparabrisas,
después de un largo verano de ocio, deciden no
funcionar y me veo (mejor, me intuyo) circulando casi a a
ciegas por la carretera de Canela. 1ª reacción: llamar a la
caballería (Elfo padre o Rúas chicos) para que me
rescaten . 2ª: mi sangre gallega se rebela ante"un chirimiri
de nada"y me manda seguir... Pero gana mi lado maruja.
Me paro en el arcén, y con un rollo de papel de cocina
limpio a mano los cristales... y acordándole de los
turrones que acabo de ver en Mercadona, pienso. "Eso
quiero yo volver a casa, preferiblemente, ¡antes de
Navidad¡" ¿Qué pasa? ... el miedo es libre.

27 de octubre

Se aproxima el momento..... Aunque quieras posponerlo,
te atrapa en sus garras...... Ni los vídeos de Edurne
Pasabán y sus ochomiles te motivan..... Las montañas
crecen encima de tu cama y en el suelo del cuarto se
convierte en la cordillera del Himalaya. Todos los
sherpas que encuentras en las páginas amarillas del Tíbet
están ya contratados.......... No te queda más remedio que
enfrentarte tú sola al desafío de la montaña de trapos....
!!!ha llegado el día de sacar la ropa de invierno!!!!!!!!!. Si
sobrevivo, nos vemos mañana en el campamento
base....... jajajajaj

28 de octubre

Cuantos y que buenos comentarios habéis hecho de mis fotos familiares de ayer!!!!!! Y como veo reflejadas en las caras de mis herman@s las de sus propios hij@s !!Niñ@s rubios o morenos, ojos claros u oscuros, a veces ángeles y otras no tanto, como éramos nosotros ......La aportación genética de mis cuñad@s ha librado a algunos de ellos del destino de "narices con carácter" que padecemos los Concepción........ Pero en nuestro haber tenemos el haberles trasmitido a todos un sentido del humor a prueba de familias numerosísimas...........y eso no hay cirujano plástico que te lo implante.........jajajajaja....

29 de octubre

Contradicciones. Sí, esas que todos tenemos, como el ombligo......... Filias y fobias, likes or dislikes, que dicen en Gibraltar. Las que vistas por otros nos dan un puntito .... y que son, al fin y al cabo, consecuencias de meter en la bativida experiencias, vivencias y manías heredadas o adquiridas. Una: Mi madre (señora-de-toda-la-vida), se arrebata con El Arrebato... (sí, el del himno del Sevilla aggggggggggg). Yo, maniática del orden en casa, soy el terror de las camareras de piso en los hoteles. El Chufo, que controla perfectamente su archivo de mas de cien mil fotografías, no sabe cuantos vaqueros tiene en el armario.. (dos, unos rotos y los otros enteros).... Y seguro que tú, que te ríes, tendrías alguna que añadir. Atrévete, jajajaja. Que os sea leve el cambio de hora.

30 de octubre

!Qué porquería de mecanismo tiene mi reloj biológico! Cambio de horario y me paso el día haciendo cuentas. El Chufo me deja por imposible cuando me ve adelantar un reloj y atrasar otro para tener alguno fiable. Comemos en Portugal, por lo que, con su propia diferencia horaria, no estoy segura si he tomado bacalhao con nata para almorzar o para merendar. Al final, se compadece de mí y me consuela: !!!!!!!!Puedes preguntar en 4 idiomas ¿no? Alguien te dirá la hora !!!!!!.

31 de octubre

Última hora de este mes, atípico y caluroso........ Ni frío, ni lluvia. Ni tristeza ni melancolía otoñal en el paisaje...ni falta que hace. Solo ese extraño pellizco en el corazón que me deja año tras año el transcurso de octubre. Cuando la sombra me amenaza, pongo a funcionar el disco duro de la memoria, tan lleno de luz ...... !octubre ha muerto, viva noviembre!

1 de noviembre

No se me ha ocurrido mejor manera de estrenar el mes que cayéndome, con bici y todo, por una cuesta de guijarros. Mientras me levantaba (escupiendo tierra y con la nariz raspada), mi muy ocurrente compañero de aventura suelta: !Hala, ya tienes la careta de jalogüín!. Dejando aparte el incidente, el plan era estupendo... A Villareal en el ferry, hasta Montegordo por el carril bici, pescaito a la plancha...y media vuelta. Todo perfecto, hasta que vimos un cartel de una pista forestal. Y mi

Frank de la jungla particular ¿entramos? El resto es historia…

2 de noviembre

La lluvia y las "secuelas" del bicicletazo me retienen en casita. Pero a mi microcosmos llegan, desde el ciberespacio, nuevas fotos de mis niñas capitalinas. Caritas de asombro viendo la Gran Vía a rebosar de ovejas, vacas, burros, presumiendo por un día de su pasado como cañada real. En los ojos de Paula cabía el reflejo de tres merinas en fila, e Irene cambiaba su grito de guerra habitual ¡Uh,Uh! por ¡Muú, muú! al paso de las vacas! Ay!.. Como tantas otras cosas, me pierdo su bautismo ganadero....!!!!!!! !Pongamos que hablo (con tristeza) de Madrí!!!!!!!!! Para compensar, Chufo me está preparando una tortilla de alcachofas. Listo, eso y unos mimitos y lista para un nuevo hocicón….jajajajaja.

3 de noviembre

Series, series…….. Los martes, compartimos "The killing", la versión danesa, pura novela negra. Miércoles, me engancho a la vida y milagros de "Cinco hermanos" (que poquitos, jajajaja), y los jueves, "An special person", justiciero con rollo ciencia-ficción, que flipa al Chufo, y a mi me distrae. Sí, lo sé, hay otros planes, gente que va de bares, al cine, al gimnasio, a estas horas……… Pero cuando tu horroroso-pero-comodísimo sofá te atrapa, no te resistes…… Te agarras al mando a distancia y a "zapinear", como dice mi amiga Amalia. Eso sí…. saltándonos Tele5 !!!!!!!

4 de noviembre

A las diez, el eficaz repartidor de Mercadona nos trae la compra....Tras él, sin darme tiempo a cerrar la puerta, se nos cuela el invierno....Del verano al invierno, sin pasar por la casilla del otoño...Con un apresurado baile de muebles, las alfombras tapan el suelo, y las mantitas del sofá recobran cada una su rincón habitual....... Todo vuelve...... Las antiguas rutinas, la luz de las velas. noviembre se instala y nos avisa a Andrés y a mí: "Prohibido seguir andando descalzos".......

5 de noviembre

Esta tarde hemos sido oficialmente presentados a nuestro 3º ahijado-nieto. Sí, ya sé que este parentesco no existe. Pero así es como yo llamo a los bebés, hijos de amigos incautos, que Yimi o Andrés llevan, sucesivamente, a la pila bautismal. Y este es un leperito guapo y que, si la genética no se tuerce, será un crack, mezcla de deporte y música, como sus padres. Cuánto amor y ternura he visto en esa casa...y que cantidad de sillitas, capazos, maxicosas y cunitas traen de serie los recién nacidos en 2011. Salimos a la fría noche de Isla Antilla con una sonrisa de oreja a oreja. Por un momento el olor a talco, a inexperiencia me devuelven a mis 20.......

6 de noviembre

Y dicen que el feisbú es solo para cotillear.. !Mentes cerradas! Desde hace diez minutos, soy depositaria del secreto de la cuadratura del círculo, la piedra filosofal y el tercer secreto de Fátima. Acabo de enterarme de que la palabra "chipichanga" no la inventó mi abuela Rita, para reñirnos. Según los feisbus-lingüistas, durante el Imperio Inglés en Riotinto era el nombre...

7 de noviembre

Vuelven a mi vida, planeando por el ciberespacio, antiguas compañeras-amigas del colegio. Poco a poco, vamos resumiendo en mensajes y comentarios, fotos y muros, la trayectoria de estos mas de treinta años de silencio. De aquellas niñas primero, adolescentes mas tarde, que fuimos juntas, queda tanto en las mujeres (me resisto a escribir maduras) que somos ahora...... Se me llenan los ojos de recuerdos. Y en mi corazón, al ladito de las personas que en este momento llenan mi vida, y junto al espacio que guardo para las que me quedan por amar, tenéis un sitio. Pasado, presente,futuro......... Os quiero a todas.

8 de noviembre

A una semana escasa de mi "Aterriza como puedas" particular, retomo la bicicleta. Sigo esta mañana la ruta de costumbre con sol a ratos, viento suave, y miedo, muuuuuucho miiiedo (léase con voz y música a lo Lola Flores). Como en la vida misma, después de un gran batacazo hay dos formas de reacción...... o vendes la bici (o lo que sea) y te olvidas del tema o te duchas con Betadine y a pedalear (o lo que haya que hacer) otra vez..... Si al notar el aire y el frío en la cara no te acuerdas de los arañazos, otra pequeña batalla ganada. Repito .....¡¡¡¡la vida misma!!!!

9 de noviembre

Ha vuelto la reina de mi casa.... Esta mañana, limpia y a la moda, ha ocupado el sitio de honor en el salón. Como cada año, llega a quedarse unos meses con nosotros y ....ya, todo gira a su alrededor. Y lo entiendo...es acogedora y cálida, no pide, sino da, y con su ayuda, el otoño se hace más liviano. Al entrar en casa, es a ella a quien buscan. Me siento destronada......... ¡¡¡¡¡Bienvenida, mesa camilla!!!!!!!!

10 de noviembre

¡¡¡¡¡Qué buena noticia!!!!!!!!!! Virginia Saldaña, que además de estupenda pintora es un cielo de niña, ha ganado en Sevilla el premio de pintura que patrocina Cruzcampo. El cuadro premiado, que Jose y yo estuvimos viendo en su estudio, nos encantó ...A ver....yo de pintura, entiendo lo justo ...como de otras muchas cosas......... Pero de lo que sí entiendo bastante es de ilusión...y la reconocí en la obra, la artista y los modelos. A eso iba... 6 modelos, 6 ayamontinos jóvenes y guapos. En una composición moderna pero que a mi me recordó a Giracault. Y entre ellos, mi hijo. Pero no me ciega la pasión...jajajaj... el cuadro es magnífico... y espero que el premio no sea en barriles de cerveza, Virginia.

11 del 11 del 11.......

Escribo mientras la once reparte millones. Tan segura estoy de no pillar nada (sería milagroso, porque no juego), que quito el volumen.... Necesito concentrarme .... después de una tarde fantasma. Sí, fantasma como el centro comercial de I. Antilla (ni un alma), como la sala de cine a la que entramos (4 personas) y como el churro de película que vimos, sobre un robo !fantasma! Volviendo para casa, la luna llena reflejada en las salinas de Isla Cristina......eso no tuvo precio, ni todos los millones de la once..... Moraleja: quien no se consuela... etc.....

12 de noviembre

!Cuánta vida puede haber en las cosas ...... Hoy, paseando por la feria de "velherias" (de "viejunerias", decimos nosotros) de Vila Real, oigo voces desde los puestos: Me llaman unos platos: "Cómprame, 3 generaciones han comido en mí". Una tetera me silba: Vengo recomendada por el Sombrerero Loco! Me tapo los oídos y atravieso una selva de cristal y porcelana, madera y metal..... Una pandilla de pijas sevillanas que nos precede no tiene tanta suerte. Salen de la plaza cargadas. "Esto para la casa de Villamanrique, esto para el chalé del Puerto .... "!Ay, Señor de las viejos trastos....!!!!!!

13 de noviembre

Fin de semana deportivo. Sábado, voleibol femenino, domingo, tenis de mesa, y para terminar maratón. Pero maratón de sofá, desde donde me he tragado 5 capítulos seguidos de la serie "The Killing". En voleibol y en tenis de mesa ganaron "mis" equipos. En el maratón de episodios....no está muy claro el ganador, porque después de tropecientos capítulos siguen buscando al asesino. No me extraña. El argumento parece escrito por los chiflados de "Perdidos", no para de llover en Seattle, y los polis se alimentan de sanísimas cortezas de cerdo........! Puag, que asco! Y mañana, agujetas, seguro......jajajaja.

14 de noviembre

No hay mejor manera de valorar algo que perderlo, aunque sea por un rato. Desde la madrugada de anoche hasta la media tarde de hoy, la luz ha brillado por su ausencia en mi barrio. Sin microondas (desayuno: bizcocho a palo seco), sin lavadora (hundida en una fosa de ropa sucia del finde), sin vitro (bueno, eso no me ha importado mucho, la verdad), sin secador (con la cabeza por fuera de la ventanilla del coche, cuando salíamos a comer). Unas horas de vuelta a lo que fue la vida cotidiana para las mujeres de no hace tanto.... Y un coñazo, vamos...Mientras volvía la electricidad, un coro de amas de casa hacíamos a la ola a los operarios de Endesa y se elevaba al cielo nuestro grito de guerra: ¡Antes muertas que sin luz, ay, que sin luz, ay, que sin luz¡¡¡¡ jajajajajaj.........

15 de noviembre

Como en un enorme tablero de ajedrez, muevo libros-piezas por Ayamonte toda la tarde..... A la surtidísima colección de Lola vuelve la biografía de Dora Carrington, que me entretuvo y me enseñó sobre México en el final de octubre. A casa de mi hermana nº 4 regresa Pérez Reverte por partida doble.... Con "El Asedio", han entrado Cádiz y el olor a pólvora francesa en casa y ahora descansa en la librería de su dueña. También ha habido retornos... La biblioteca de mi hermano nº 3 me devuelve un novelón de Mankell, tan tremendamente negro que jure no releer... y así se ha pasado la tarde: curioseando estanterías ajenas ¡¡¡¡¡¡eso no hay E-book que lo mejore¡¡¡¡¡¡¡¡¡

16 de noviembre

Esta tarde me traigo del paseo en bici una imagen tierna y envidiable. A ver..situaos: bajamar, puesta de sol y una pareja (sobre los 75 años) paseando del bracete por la arena. La vida los ha bendecido .... 1º, llegando a esa edad con ganas y fuerzas para disfrutar de una tarde así.. 2º por hacerlo tan bien acompañados una del otro Y esta 3ª bendición, solo para la "chica" de la pareja !!.debe usted ser un crak, señora mía, para conseguir que su marido (que fue, seguro, niño de la España mas tradicional) lleve colgado !su bolso (el de ella, claro)! mientras caminan...... y ¡¡¡¡¡¡¡en bandolera!!!!!!.jajajajaja

17 de noviembre

De como acabo de pintar y redecorar el dormitorio (vacío por emancipación) de mi hijo Yimi.......... Y de como, después de ver como ha ido hoy la prima de riesgo, me dispongo a colgar un cartel en la puerta del cuarto: "Se alquila, trato familiar, padre, madre y hermano con experiencia incluidos en el precio". Uy, creo que el olor de la pintura me hace desvariar..........

18 de noviembre

Hoy estoy perezosa. Busco inspiración en una caja de galletas con chocolatina incorporada, marca Hacendado. Cuando voy por la 5ª, (galleta, no caja) el Chufo me oye rumiar y me pregunta: ¿Qué comes? !Una galletita de avena-baja-en-calorías!, le contesto. Y me quedo tan ancha..... y mañana estaré mas aún, cuando el chocolate haga efecto en un lugar de cuyo nombre no quiero acordarme ¿Véis? !La sinceridad en la pareja está sobrevalorada!

19 de noviembre

¡Qué paz! Un par de horitas de comunión espiritual... mi casita y yo....... El Chufo, de despedida de un amigo (solo laboral, ¿eh?) y el little-Rúa de bureo. Y yo, en el mejor sofá de la casa, viendo llover y relampaguear....... El cielo se descose y cuento los segundos entre destello y destello para no confundir los relámpagos con la luz del faro de Villa Real........! Cuanto me acompaña este faro.... ¡¡¡¡¿Sabéis que cada uno de ellos tiene su propia cadencia? La del "mío" Es de 12 segundos. ¿Y calculáis las veces que esa luz se ilumina en una noche de insomnio? Infinitas......(dedicado a Sebas, Clara y Adrian, socios de mi club "Insomnes Sin Frointeras").

20 de noviembre

El Chufo y yo votamos con un meridiano de separación. No ideológica, sino física, por un extraño guiño del censo. Atravesamos el pueblo a pie, de mi colegio electoral al suyo. Una lluvia intermitente nos acompaña todo el camino. Aunque ahora, mientras estoy viendo el escrutinio, pienso que tal vez eran las lágrimas de Pablo Iglesias, que desde el cielo de los socialistas buenos (que los habrá, imagino) ya adelantaba los resultados... Buenas noches y buena suerte.

21 de noviembre

Apago la tele después de ver "Cracking Antiques", una serie de la BBC, muy entretenida, sobre como adaptar piezas antiguas en la decoración actual. El presentador, con una maravilloso vaso azul en la mano, dice: "!Cristal checo, de 1956! Y yo pienso: !Uy, que ilusión, comparto años con un vaso checo! Y sigue "Todavía !NO! es una antigüedad". Y yo: !Uf, que alivio! Y él "Pero ya es ¡RETRO!"........Me quedo muerta... Me han dicho muchas cosas en mi vida pero...esto duele!! jajajajaja!! . Firmado: Vuestra amiga, la retro.

22 de noviembre

No acaba de llegar el frío.......No me quejo, pero lo echo de menos. Lo conjuro hoy yendo a buscar piñas para la chimenea, pero ni por esas...... Los edredones se aburren como ninis (!!sácanos, sácanos!!) y me tropiezo con radiadores que se sienten parados de larga duración .Solo la estufita de la camilla, con un contrato a tiempo parcial, se gana su sueldo...Bueno, ella y los jugadores del Madrid, que, por lo que deduzco de los gritos del Chufo, acaban de marcar el 4º gol en 20 minutos.... (para Yimi, que me cambiaría como madre por Mourinho).

23 de noviembre

!Qué perdida y pequeña me he sentido esta tarde! Vueltas y vueltas por los pasillos de un hospital enorme, superequipado e infraseñalizado, buscando una consulta que parecía haberse tragado la tierra. Y después, prueba suspendida... Y para remate, atravesar el pasillo de "Urgencias Pediátricas" volviendo al aparcamiento.........

Entenderéis que haya sido una tarde para olvidar......y voy a intentarlo, yéndome a la cama a la voz de "YA"..........

24 de noviembre

Como consecuencia de la visita de ayer a la clínica, nuestro batallón de armas "viejunas" aumenta......A la manta eléctrica, el masajeador, el Reflex y demás, se une hoy el tensiómetro...... jajajaj... Esto es la decadencia a paso tambor.... Tengo que confesar que resulta distraído..... En lo que va de día, Jose se ha medido la tensión siete veces... yo, cinco........ pero espero superarlo.........De hecho, estoy escribiendo con una mano...... la otra, quietecita, con ¡¡¡¡¡¡¡el tensiómetro !!!!!!!!

25 de noviembre

¡Momento tensiómetro superado! Ahora toca comedura de coco nueva. Mi amigo Gil Sevillano (nombre de espadachín del Siglo de Oro, mente de analista financiero) me tiene al día de los vaivenes de la economía. Al ritmo de su Twitter, mis previsiones de gastos navideños se elevan, se desploman, o, directamente, se evaporan... ¡Ay, Manu! !tú sí que sabes tener a una mujer en vilo!........jajajajaja......

26 de noviembre

Se escurre el mes entre las manos...........Pero antes, a pocos días de darle el relevo a diciembre, nos regala una mañana primaveral que aprovecho sentada en una terraza de la plaza de la Laguna, compartiendo sol y un Rioja con gente que quiero........... A veces, la vida parece ralentizarse y esos momentos cunden como días, los días como semanas, en una mañana de sábado y sol. Veo pasar gente con las primeras macetas de flor de Pascua. ... y manga corta. Y Louis Armstrong le pone letra a la banda sonora de ese instante: "And I say to myself.......! What a wonderful world.....!"

27 de noviembre

Wasabi, sushi, sashimi .... la cara del Chufo leyendo la carta era un haiku .... y yo, relamiéndome........ Me encanta la cocina japonesa y hoy, después de "arduas negociaciones", fuimos al "Osaka", en Montegordo. Todo rico, rico, el precio, razonable, y la camarera, un cielo .... pá traersela a casa........ Risas, sonrisas y carcajadas, posiblemente al oir mi penoso japonés. Mi chico se portó como un samurai... comió de todo sin protestar, aunque echó de menos el bacalhao as natas portugués..... Se lo valoro .... (esta semana seré como una geisha, jajajajajaja). Arigato, Chufo-San.

28 de noviembre

Llego de Sevilla hace apenas una hora. Me encanta ir, un poco menos cuando, como hoy, toca médico. Así y todo, me sorprende, me enseña y me aturde. De Sevilla me gusta todo ¿¿¿¿¿¿TODO???????? ¡¡¡¡¡No!!!!!!!! El tráfico .... ¡qué horror! Para mí, ratón de campo que aprendió a conducir con 40 años, esos raudos ratones de ciudad motorizados que te adelantan, te pitan si titubeas y te hacen ojitos con las luces me alucinan. Incluso los velociratones ciclistas del carril bici de los Remedios hacen marcas dignas de contrareloj........ !Relax, miarma, relax!

30 de noviembre

Día de impuesta inactividad. Solo la hora de la comida trae bulla y movimiento a la casa. Como cada miércoles, vuelve el hijo independiente al olor del menú "atrapahijos". ¡Nos encanta tenerlo aquí, de vuelta por un ratito al tiempo de antes, y más ahora que el apetito ha sustituido a la nicotina en su cuerpo serrano. !.El chef se esmera, la jefa de sala también, la tele se desconecta y se conecta la charla entre cuatro, ¡¡¡por fin!!!!, adultos... No perdáis la esperanza...llegará un día en que podréis compartir mesa con vuestros hijos, sin darles la braca: ¡El codo! !La servilleta! !Lo verde también se come!......

1 de diciembre

Los jueves son en casa, desde hace años, "el día de María", la maravillosa asistenta que compartimos con otras afortunadas familias ayamontinas. Cumplidos los sesenta, con energía como dos de treinta, formal, puntual y relimpia. Un tesoro. Unos sueñan con loterías premiadas con cochazos, casoplones o joyones, yo con tenerla para nosotros solitos. Limpia, fija y da esplendor (como la Real Academia de la Lengua) a mi pequeño mundo, y se ríe cuando le canto: "Ave, María, cuando serás mía ......"

2 de diciembre

¡Madera, más madera! Desde Villablanca, donde cada año la compramos, mi pobre coche sopla y resopla por las cuestas, cargadito hasta arriba de fragantes troncos y ramas.... En el aserradero, Jose y yo, como forenses del C.S.I Forestal, investigamos entre las montañas de árboles cortados: "Esto es encina, esto eucalipto, pino,olivo......". Al despedirnos, Manuel me tiende una bolsa ... Mi 1er. regalo de Navidad... Once milagros de la tierra, once rebollones recién cogidos

3 de diciembre

Toda la vida oyendo a mi valenciano marido añorar el "arrop tallaetes" de su infancia y, mira por donde, hoy descubro lo que es......... por casualidad, y en la Feria de Gastronomía de Castillejos ..... Lo que se llamaba aquí meloja, y que apenas se produce ya, por su fabricación tan elaborada, en estos tiempos de prisas .... Panal de abejas, hervir, añadir cidra y remover... ocho horas. No me extraña que esté desapareciendo...desde la carpa de la feria, llama a su madre y solo le salen tres palabras: "mama, arrop tallaetes", con la cara de felicidad que reserva para las grandes ocasiones... ni se dió cuenta del techo de jamones que colgaban sobre nuestras cabezas.... ¡¡¡¡¡¡¡¡¡¡¡estos alcoyanos están locos!!!!!!!!

4 de diciembre

Sábado por la mañana. Intento arrancar el coche una y otra vez. Nada. Tose y carraspea, pero se niega a trabajar. Dos chavales marroquíes se ofrecen a ayudarme. En 20 segundos paso del miedo a la desconfianza, y después, a avergonzarme de mí misma. En otros 20 segundos, uno empujando y el otro maniobrando, me devuelven el coche en plena forma.... Hoy me acuerdo de ellos y pongo a Baltasar y su paje en la pole-position de mi Belén en construcción........ ¡Si las pateras llegaran cargadas de oro, incienso y mirra, que diferente serían nuestras miradas!

5 de diciembre

Misión cumplida. Instalados e iluminados árbol y belén. Para que nadie se queje, honramos las dos tradiciones. Incluso tres, ya que hay otra tradición de la que soy fundadora en mi casa, y que me ocupa mis buenos ratitos: La lucha contra las luces intermitentes...... !!no las soporto!! Y cada año, al sustituir las guirnaldas fundidas, pido, suplico y ruego: "Por favor, que sean luces ¡FIJAS!". Y me las dan así, pero al llegar a casa cambian de opinión y se vuelven indecisas... En mi lucha por encontrar el equilibrio, rozo el estropicio, así que mejor me retiro nuevamente...Y me queda un mes de intermitencias... Ahora si, ahora no...

6 de diciembre

Días de puente, y un virus viajero posee a mi familia. El bando de palomas universitarias vuela desde distintos sitios y regresan, sin rastro del bronceado veraniego y mil cosas que contar......... Los que anidaron en Ayamonte hacen el recorrido inverso a las golondrinas y los abejarucos y vuelan hacia el frío. Alguno se atreve a llegar a Dinamarca, incluso .....Aprovechando el último día sin peaje, el Chufo y yo, canarios domésticos, nos posamos en el centro comercial de Faro, Allí, en cada tienda se escuchaba hoy el mismo hilo musical: ¡¡¡¡¡trinos en ayamontino!!!!!!

7 de diciembre

En pleno puente, me preparo para demostrar la teoría de los "besos comunicantes". Paulita e Irene, mis sobrinas pequeñas, las niñas de mis ojos, llegan mañana a Sevilla. Y nosotr@s, tí@s con superávit de amor y déficit de bebés cerca, seremos el comité de bienvenida a pié de AVE. Iremos cargados con besos, achuchones y abrazos, como Reyes Magos anticipados y en crisis de dones materiales. Sevilla nos espera. Del puente (de la Constitución) a la Alameda (de Hércules)...........

8 de diciembre

Reunión familiar. Al olor del nenuco y el talco de las sobrinas madrileñas, trasladamos el meeting-point a Sevilla. Exactamente al sitio más horroroso de la ciudad: las Setas de la Plaza de la Encarnación. Como enanitos debajo de los champiñones gigantes, mi madre, mis sisters 1, 2 y 5, mis brothers 1 y 3 y yo pesamos y medimos a ojo a las niñas y renovamos el permiso a ser cuidadoras por adopción. Sentimos la alegría del encuentro, la robustez de la genética y la sensación del magisterio vocacional hacia nuestras pequeñas, hoy más tiernas que nunca.

9 de diciembre

Un capítulo enterito del "Encantador de perros". Extraña elección, siendo alguien que nunca ha tenido perro (ni ná). Eso es lo que acabamos de ver el Chufo y yo esta noche, y que nos ha confirmado que no tenemos ni idea del tema. Al salir de casa de mi hermana nº 5, su tremendo beagle se nos escapa y nos tiene, el muy perro, persiguiéndolo al silbido y al grito limpio por las calles de la Villa. Subo y bajo cuestas y callejas, con el bicho manteniendo la distancia de seguridad conmigo y al final me rindo ......lo que se dice una tarde de perros....(ni ná).

10 de diciembre

¡Cómo me cunde el tiempo! Mientras el Chufo permanece en comunión espiritual con Mourinho, provocada por el tempranero gol del Madrid, yo enredo por la casa, chateo con Lupe, ceno solita y estreno (¡egoísta!) los platos navideños que acaban de regalarme. Durante 120 minutos entro en un universo paralelo al solo accedemos ateos y herejes del fútbol. Aunque mi amigo Raúl me riña mañana por usar esas palabras ......¡qué me excomulguen los adoradores del dios balón!

11 de diciembre

3 horitas para el final de este puente sobre aguas turbulentas. Vuelvo la vista y me desfilan tantas imágenes ...... las caritas de mis madrileñas bajando del tren, la de mi elfo madridista mirando el 1-3, mi cara de cateta admirando las luces de Sevilla Y sabores........ Los polvorones de las Clarisas que trajo Yimi desde Zafra, una milhojas de berenjenas de la Puerta Ancha, la cazuela de rape del Espuma del Mar ...... Y músicas, y besos, y risas .... Bienvenidas y despedidas, reencuentros.......... Ni el Puente de Brooklin dió nunca pá tanto

12 de diciembre

Siguen pasando los días y el de hoy le trae a Jose una nueva visión del mundo. Ni como a San Pablo en el camino de Damasco ni a Luke Skywalker en el Halcón Milenario le ha llegado la luz desde las alturas. Más bien de una forma más terrenal. Estrena gafas, se dispersan las brumas y yo me aparto de su mirada inquisitiva........ No es fácil llevar las arrugas con dignidad si a tu lado hay un tío con vista de águila en montura de titanio.......jajajajaja.

13 de diciembre

Una familia conocida y querida en Ayamonte ha perdido a alguien joven y vital, sin aviso ni despedida. Terrible. Una noticia así te vuelve a la realidad, esa que escondemos en estas fechas entre luces y espumillones. El dolor no descansa, solo se agazapa para atacar cuando mas felices nos sentimos. Siento pena por ellos y miedo por todos..... Muchos de nosotros, esta mañana, al despertar junto a la persona que comparte nuestra vida, hemos agradecido el nuevo día, hoy con más razón. Seguro.

14 de diciembre

Voy al fisio, esta vez, de acompañante. Y me vuelvo con la lección bien aprendida. No la de fisiología, que soy de letras. Otra más importante. La de la actitud luchadora y optimista ante la vida y los contratiempos que algunas personas afortunada son capaces de mantener. Con esa combinación de sabia fisioterapia y actitud de unidad de asalto, mi sister n° 3 va a levantar ese arrasado codo en poco tiempo. Y el resto de la familia levantaremos los nuestros en un brindis por ella y su fuerza.

15 de diciembre

No hay más remedio que adaptarse a los tiempos. Por eso, en la decoración navideña de la plaza de la Laguna destaca este año un estupendo y "costeao" kiosko de churros. Destaca, y mucho, porque de hecho es lo único que hay. Olor a churros, mi perfume preferido detrás del Eau d´Issey ...... Para el sábado, proposición deshonesta al Chufo. Algo que no hacemos juntos últimamente ....jajajajajajaja............ Habéis acertado: desayunar con churritos al sol lagunero.

16 de diciembre

Mañanita de recados. Con un tiempo agradablemente fresco y una lista de cosas para hacer, bajo al centro. Enredo y hablo con todo el/la que me encuentro y me vuelvo con cosas sin solucionar, pero con la sesión de charloterapia realizada. ¡Que efectiva! Intercambio con amig@s información médica, familiar, laboral... Doy y recibo ánimos, piropos o consuelo, en una cadena de afecto que me interconecta con mis raíces...... !Es lo que tiene, entre otras muchas cosas, ser tan de pueblo ¡¡y a mucha honra! jajajaja

17 de diciembre

Otra ventanita, la 17, del calendario de Adviento que abro. Hoy tocaba chocolatina en forma de arbolito. Elsa y Selma, de 5 años, ángeles casi albinos de la casa de al lado, pasan de vez en cuando por aquí y controlan que no quede ninguna ventana cerrada. Me riñen si no llevo al día el almanaque, y devoran los bombones que quedan retrasados. Cuando enciendo el árbol y las luces iluminan sus caritas idénticas, me dan ganas de retirar al ángel de barro y hacerles sitio en el Belén y que la buena nueva la traigan en inglés dos mellizas...

18 de diciembre

Cumpleaños de mi sister n°1. Soy la primera en llamarla, pero ni así consigo convencerla para que se quite años y que los demás podamos hacer lo mismo después. ¿Qué quieres? me dice: ¿Qué nos apelotonemos todos en los 50? En realidad, había pensado en los 40, pero va a ser difícil convencerlos. Ella, que gasta tipito de sílfide, novio, y vocación-profesión llena de vida y color, no necesita apaño ni falsedad en documento público para ser joven. Cuando vuelva en Navidad, le daré su regalo: esta mañana canelera de sol y bajamar, como las que tanto le gustan.

19 de diciembre

La rebelión de las máquinas. Cadena de sabotajes domésticos .Encabezada por el General Peugeot, que me deja esta mañana sin transporte, se extiende la revuelta por toda la casa. La manta eléctrica provoca un corto, la batidora ahuma la cocina y el grifo-molón con caño extraíble, resulta ser tan extensible que me quedo con él en la mano. Pero para quién ha salvado los muebles (literalmente) de dos inundaciones (caseras) y una explosión térmica (del termo), esto es una simple escaramuza......... ¡Y además, el uniforme de camuflaje me queda estrecho........!

20 de diciembre

Continúa la guerra de los artilugios contra mí. Comunicado del mecánico ante la deserción de mi coche: zona catastrófica. Dice cosas como: flujo-reflujo del gasoil, bomba de no-sé-qué, y lo que de verdad oigo es el cling-cling de los euritos huyendo al bando contrario. Mientras me encarga la pieza (¿de artillería?) me ofrece un solución diplomática: abrir el capó antes de arrancarlo (el coche, soy bruta, pero no tanto) y accionar una especie de émbolo que escupe gasoil.... AGGGGGG .... Yo saco la bandera de la rendición y hago una contraoferta: arrasar el coche con napalm y rezar para que me toque el jueves la lotería.

21 de diciembre

Directamente desde Suecia, vía Ikea, esta mañana crecen en el suelo de mi salón dos praderas de verde musgo de 2x3. Alfombras sin pretensiones, made in Belgium, en las que nos hundimos y parecemos pastar como borregos del Belén. Son mi regalo de Reyes anticipado, en un año en que cualquier gasto es pesado y medido, como en casi todas las casas. Dice mi hijo que con unas banderitas y unos agujeros igual recuperamos algo organizando un trofeo de golf ..... Que se rían, no me importa, me paseo descalza y antes de acostarme ¡¡¡¡¡pondré los aspersores!!!!!!.

22 de diciembre

Cientos, miles de millones sobrevuelan España y aterrizan en pueblos que nadie sabe donde están. Al menos ahora hoy aprendimos que Huesca existe. En casa, lo único que ha caído son los millones de virus intestinales que, eso sí, equitativamente, nos estamos repartiendo mis hombres y yo .... ¡vaya día de celebración! Brindamos con Primperán en vez de champán y nos preparamos para recibir en el sorteo del Niño otros millones, esta vez, de bacterias y microbios, seguro. Dedicado a mi querida Natalia. No eres la única "Pupitas", ¡¡que lo sepas!!!!!

23 de diciembre

Este año los Reyes no llegarán para mí desde Oriente, ni tendré que esperarlos hasta el seis de enero. Mis reinas han llegado esta noche vía Madrid, y mi mundo empieza a girar en sus órbitas. En dos horas reparto mas achuchones que en un mes y me olvido de los virus. Paula, con un delantal de lunares y volantes, saca su 50% andaluz y me hace bailar con ella nuestra par...

24 de diciembre

Desaparecido en combate fiestero la mitad del equipo habitual (Bea), poner la mesa de Navidad para 19 personas ha sido este año un poco mas laborioso. Multiplicad por 4 platos, 3 copas, 6 cubiertos y os encontrareis con una montaña de la altura del Mulhacen de cristal y porcelana. Dos elfas voluntarias (Celia y la aprendiza Paula) colaboran y nos queda una mesa de lujo, gracias al menaje que la sister nº4 nos proporciona................ ¡¡¡me despido!!!!!! es mi turno de ducha............ Feliz cena.............

25 de diciembre

(fun, fun, fun)........Acaba este día largo, feliz y cansado... Y que empezó temprano, a la hora en que las niñas de tres años, revolucionadas en casa ajena, te piden levantarse. Y mereció la pena.... Subida a la cama, con la nariz en el cristal, mira salir por levante el sol, y la luz dorada devuelve a su carita el color de agosto...... El paseo tradicional postfestín navideño, un poco mermado por virus diversos, rueda hoy al ritmo de los pasos de la alfa y la omega de la familia, 76 gloriosos añitos entre ellas..... Y al ritmo que nos permiten los calamares rellenos que prepara la alfa ...One more time......

26 de diciembre

En el trayecto del pueblo a la playa, unos escasos seis kilómetros retrocedo 15 años en el tiempo. Los mismos que hace que empecé a conducir y las mismas sensaciones, inseguridad, miedo y boca seca. El Chufo me presta su amado coche y no para de pisar un freno imaginario en todo el camino. A algunas nos es dado tener un marido-profesor de autoescuela frustrado y la combinación de los dos es tan estresante que necesito después una hora de terapia de bajamar para recuperarme.......

27 de diciembre

Con los ojitos a la altura de los pastores, Paula y Dan, 6 años y medio de experiencia vital entre los dos, alucinan con el impresionante belén de la Casa Grande. Les sorprende el efecto "amanecer-anochecer" que convierte cada minuto el soleado pueblo en el valle de las sombras.

Con cada cambio de luz gritan "¡Ya es de día! ¡Ya es de noche!"......... Me río y me contengo para no revelarles el gran secreto que descubrirán cuando cumplan los cincuenta.... Entonces para ellos el Tiempo pasará taaaaaaaannnnnnnnnnnn deprisa como cae el crepúsculo en el portal de Belén.

28 de diciembre

El Chufo ha ido hoy de bolo poético. A Riotinto, ni más ni menos. Y yo, como mánager, secretaria y groupie, allá que me apunto. 1ª parada, la vista impresionante de Corta Atalaya, 2ª parada, café y tarta en la única cafetería que encontramos. Ni rastro de five o´clock tea ni plumcake ni nothing de nothing.......... ¿Dónde fueron a parar las pasadas glorias y el british way of life de la Cuenca Minera ? Pero los asistentes a la lectura poética, poquitos pero entusiastas, nos hacen pasar un rato estupendo. Y mi Poeta vuelve con la autoestima del tamaño de la de la Reina Victoria.......jajajajaja

29 de diciembre

Reaparecen los virus con más fuerza. Tanta que calculo que también me fastidiarán el fin de año. Paso toda la tarde entre la bruma de la fiebre, y solo me saca del letargo un rumor de alas y música de arpa. Y una voz que me dice: "El Ángel del Señor anunció a María (de la Cinta): Y serás la única mujer que adelgace en Navidades"..........jajajaja .....¡Algo es algo....!

30 de diciembre

Se acerca el momento del balance anual. Yo, que no fuí niña ni adolescente de escribir diarios, tengo este año el disco duro de la memoria bien documentado con estos trocitos de mi vida diaria que comparto desde agosto con vosotros. El Chufo, que me conoce bien, y me nota estos últimos días un poco ploffff, no deja que unos virus de nada me impidan valorar un año que nos deja muchas cosas estupendas y momentos felices. Y me hace repasar el feisbú-diario....y me encuentro tanta luz, y mar, y risas, y niñas ....que pido otro año igual, pero sin virus.......

31 de diciembre

Me llama Yimi desde Bruselas. Llueve, no hace frío, y está disfrutando tanto.............. Me encanta oírlo y saberlo a "solo" 1900 kilómetros, este 1er. año que no recibe con nosotros..... Con la última campanada, la mitad de mi corazón volará a su lado. ¡¡¡¡¡¡Pero solo medio........ Necesito la otra mitad para sobrevivir a continuación al "Diabólico Juego del Amigo Invisible", con las reglas mas enrevesadas y jugado por las sisters y brothers con mas guasita del mundo !!!!!!!!

1 de enero

A ver, lo escribo otra vez, que no me lo creo. 1 de enero, y hemos sobrevivido al fin de 2011, mermados pero voluntariosos. Y hoy, primer día de un año por calar, las horas han pasado en buena compañía, cerquita del mar y de la chimenea, con el estómago en reposo y el alma feliz. Mi sister n°2 (y su santo) nos acogen en su casa y atienden a mas de 20 invitados (cena, uvas, y comida de hoy) sin perder la sonrisa..... Apuramos las últimas horas en compañía de las niñas. Irene, por fin.... da tres pasitos sola y, pasando de preliminares, sin haber dicho nunca ¡Papá! ni ¡Mamá ! llama directamente al perro y nos deja a todos flipaos...

2 de enero

48 horitas transcurridas desde el comienzo de 2012........... y sigo sin los típicos propósitos de Año Nuevo......... Bueno, dejar de comer como un monje budista, pero eso no es un propósito sino la consecuencia de la derrota de los virus. Mi estómago se recupera, y con un poco de suerte me pondré al día con el turrón y los polvorones ...¡Temblad, Jijona y Estepa.....! Ya en serio... Aparte de algunas metas y retos, tan personales que me guardo, intentaré mantener abierta esta ventanita virtual de ida y vuelta, por la que entran y salen de mi vida diaria tantas cosas que me enseñan, me divierten y me hacen pensar (que ya es bastante, jajajaja)

3 de enero

Regresan Yimi y Elena de su aventura belga. Para no desentonar con su vuelo, retrasado y turbulento, a los familiares de los pasajeros nos hacen esperar en la zona de "Llegadas" mas impactante que he visto jamás. Con medio aeropuerto de Faro cerrado por obras, una carpa, tipo "feria agrícola" en medio de la nada, y 30 personas mirándonos unos a otros con cara de: ¡El low cost llega a también a las instalaciones de tierra!. Pero vuelven felices, y Jose me promete que la próxima vez que vayamos al aeropuerto no será, como siempre, para despedir o recibir a alguien .... ¡¡Fly, Cinta, fly (pero a ser posible, evitando Ryanair)!!!.

4 de enero

Tarde de últimas compras. Coincido en la librería con una pareja joven (y sobradamente preparada) a la que surto de pamplinas y de la que recibo pensamientos y frases siempre interesantes, a través de esta ventanita diaria. ¡Que buena noticia me dan! ... En unas semanas, este par de personas comprometidas y positivas, va a convertirse en un trío.... No sé si serás niño o niña, pero sí sé que el mundo al que vienes, convulso y apasionante, es un poco mejor gracias a gente como Javier y Carmen, tus futuros padres. Solo espero que tu creativo papi no te bautice como Ratapapuani junior, o algo por el estilo...

5 de enero

Pasan los Reyes, que por tradición alcoyana desembarcan en la tarde noche del día 5 y son tan generosos conmigo que me abruman, ¡como cada año! Pero no quiero hablar de lo que dejan, sino de lo que se llevarán de mi vida. Me despido, sacrificados por la tecnología, de los amigos más fieles que una niña que empezó a leer con 4 años y no ha parado desde entonces, pudo tener nunca. Andersen, Verne, Blyton..... hasta Pancol, Mankell, M. Laínez ... en cientos de tomos, miles de páginas, millones de letras .... Ni un solo árbol menos por mi culpa.... Adiós a las olorosas montañas de crujientes libros de papel . Bienvenido el E-book !

6 de enero

Paso la tarde del día de reyes, enmedio de una selva de cables y baterías, y con una cantidad de manuales para usuarios como para fabricar una sonda espacial. Tres horas enredando con los tecnológicos regalos que los reyes, sin mucha consideración a mi edad neuronal, me dejaron anoche. Acabo tan liada que intento preparar un capuchino en la tablet, hablar por la cafetera de Agatha, mandar un "guasap"a Juan Valdés, vía Colombia. Y envío esto desde una pantalla diminuta donde ni encuentro los acentos jajaja

7 de enero

¡¡¡Hala!!! ya han desaparecido de mi casa los últimos vestigios del huracán Navidad. Para endulzar la tarea, rápida y limpiamente ejecutada, dos ayuditas: música de una recopilación, regalo de mi sister nº3, que promete (y cumple) la felicidad en cuatro minutos. Y en la boca, los bombones belgas que llegaron puerta a puerta desde Bruselas. Guardo las ovejas del belén juntitas en la misma caja. Si se aburren estos once meses de vacaciones, como sería lógico, dada su condición de ovejas, puede que al sacarlas me encuentre que el rebaño ha aumentado .....

8 de enero

Pasa el día, sin pena ni gloria. Pura transición entre las fiestas que se fueron y los planes que buscan sitio en los días por venir. En una larga conversación (por escrito), mi tía Cinta, de quien heredé nombre y amor por las flores, me convence de que los tulipanes darían vida a mi triste y sosa terraza. Narcisos, jacintos, tulipanes ....

Mágicos bulbos, puentes enterrados entre estos dos meses, febrero y marzo, en los que la vida se ralentiza, y la explosión de sus colores en abril..... Voy a intentarlo......Y cuando mi 1er. tulipán abra su carita al sol, estos días cortos, estas noches largas serán ya el pasado.....

9 de enero

¡Qué lucha mas desigual! En un rincón del cuadrilátero una tablet de las baratas, made in Vietnam, con el libro de instrucciones en inglés. En el otro, una señora de Ayamonte, infradotada para las nuevas tecnologías .....En un ataque de humildad, pido ayuda a mi sobrino Adri. Ana y él acuden raudos, pero después de una hora de experimentos y litros de Cocacola, solo consegui...mos descargar un libro en el E-book .... Pero, eso sí ......¡¡¡¡¡qué libro!!!!!!!! No me explico como he sobrevivido tantos años sin leerlo. Desde ahora será mi libro de cabecera, mi biblia, mi faro.............. jajajajaja....... !!!!Gracias, Adri, por tu esfuerzo!!! El "manual para hacer nudos de corbatas" es .....¡¡¡¡apasionante!!

10 de enero

Después de 15 días de vacaciones forzadas, recupero hoy uno de mis cotidianos, saludables y baratos placeres ¡la bici! He empezado creyéndome Wonderwoman, y he acabado como Supermán después de la Kriptonita.... Las piernas, pesadas como el plomo... A punto de tirar la bici a las zaperas y seguir a pie, me adelantan unos tíos ¡¡¡¡ANDANDO!!!!!! y uno me dice: "Llevas la rueda de detrás pinchada". Hago como si ya me hubiera dado cuenta y muy digna le doy las gracias......... ¡¡¡¡Uf, que alivio, un pinchazo!!!!!!!!!!!. Bajo el puente de Canela haciendo ochos, pero con la honrilla intacta....... ¿que tendrá la culpa, qué nadie la quiere?

11 de enero

Tregua para cenar, en este sinviví-de-tipo-interno que me ocasiona mi lucha perdida contra las nuevas tecnologías..... Esta noche, el "Chuf" (que es mi Chufo en modo chef), se mete en la cocina y volviendo a la filosofía de hacer las cositas despacio que practicábamos en casa en la era pretecnológica, invierte 3/4 de hora en su famosa tortilla de calabacines. ¡Sublime! Yo invierto 3 o 4 minutos en comerla, pero....¡¡¡¡que 3 o 4 minutos!!!! También sublimes......jajajajaja...

12 de enero

Hoy comienzo un nuevo reto..... No contenta con el "revolcón tecnológico", me dispongo a amargarle la vida a un encantador profesor de baile portugués, guapo y educado, y tan ingenuo que no se ha dado cuenta de la alumna-trampa que se ha incorporado a sus clases. Esa nueva alumna, o sea, yo, ha sido dotada por la naturaleza con un estupendo par de pies izquierdos......jajajaja.... Vamos, que no creo que el tango y yo nos hagamos amigos rapidamente.... Eso sí..los espejos del gimnasio hacen delgadíiiiiiiisima.......jajajajajaj

13 de enero

Tarde de E-book y sofá .....por fin ...... ¡Mi primer libro!!!!! Acabo de apagarlo. Dejo al Comisario Brunetti, uno de mis amores literarios, en medio de la húmeda y mágica Venecia y regreso al sol poniente de la tarde real........ Y me doy cuenta, contra todo pronóstico, de que no extraño el tacto del papel, ni el sonido de las páginas, ni el olor de la tinta........Ayyyyyyyyyyy........ ¡¡¡La donna é mobile!!!!

14 de enero

Desde Moguer, mi vieja (en el tiempo, no en la edad) amiga María me cuenta cosas de sus palmeras.... Desahuciadas por el médico de árboles, como 12 mariantonietas pasarán mañana por la guillotina. Metros de orgullosos troncos, miles de hojas que fueron verdes ......derrotados por un repugnante bicho rojizo y picudo. .....Ay, María ...te entiendo tan bien... A veces, los peligros que amenazan lo que mas queremos no son visibles a nuestros ojos ....Tu paisano Juan Ramón sabría decirtelo mejor, pero no tan claro..... Aprieta los dientes, y en el hueco que tus palmeras dejen en el suelo y en tu vida, planta algo todavía mejor....

15 de enero

Llueve, y me quedo en la camita. A media mañana me despiertan unos gritos de ánimo y aplausos que vienen de la calle y que, evidentemente, no son para mí. Salgo al balcón a tiempo de ver a los primeros corredores de la Media Maratón, empapados de lluvia y sudor y chapoteando en los charcos, que enfilan hacia la entrada del Estadio. Entro en casa temblando de frío y aprovecho que estoy de rodillas encendiendo la chimenea para agradecer al Dios del Deporte que !tampoco! me haya llamado por los caminos, hoy encharcados, del atletismo.

16 de enero

Me paseo por el ciberespacio, bajando libros para mi E-book. Si, ya sé que es legal, lo sé............ pero me queda una sensación, digamos, rara. Por no decir que me siento como los Siete Niños de Ecija, El Tempranillo o Urdangarín incluso, por nombrar famosos bandoleros........ Sustituyo Sierra Morena por Papyre, y en vez de un arcabuz, mi teclado hace el trabajo sucio... Acumulo novelas hasta el verano, pero en un intento de acallar mi conciencia, dedico un aplauso a cada autor que expolio...... ¡¡¡¡¡¡Se empieza "robando"libros y se acaba de ministro!!!!!!!!!!!!!!! jajajajajaja.

17 de enero

El Chufo tiene esta tarde un "momento filosófico-realista". Se pone serio y me dice: "Si la vida es una semana, yo ya estoy en el viernes". ¡¡¡Glups!!! Teniendo en cuenta que por una simple regla de tres, yo estaría en el jueves, se me quitan las ganas de bromear, y no sé que contestarle...Y como si le hablara a Paulita, le suelto: "Pero te queda lo mejor.... ¡¡¡el finde!!!!

18 de enero

A pocos minutos del comienzo del Madrid-Barça .... Miro las imágenes del Bernabeu y entre una masa de hinchas vociferantes, se encuentra mi "trending topic"de esta noche. A un palmo de la pantalla busco tras la portería derecha una cabeza rubita y con entradas, que hasta hace unos días yo creía bien amueblada. Justo hasta que me dijo que se iba a Madrid ¡¡¡¡en autobús!!!!!, a echarle una manita (perdón, una ayudita) a su amigo Mou.... ¡¡Ay, Yimi, Yimi!!, disfruta cada minuto del partido, y, si perdéis, recuerda que (ya me estoy riendo ....jajajajaja), que lo importante es participar. (y díselo a tu amigo el portugués)

19 de enero

Por fin en Sevilla. Dejamos un par de días nuestra ordenada y tranquila vida y nos mudamos a la ciudad ....En pocas horas, con el chip cambiado, atravieso corriendo las avenidas, ignoro las sirenas de las ambulancias y ni me paro ante los músicos callejeros ....Solo cuando en "La Campana" nos cobran nueve euros por dos cafés y dos palmeras se me vuelve a poner la cara en modo "ratón de campo".....

20 de enero

Sevillana adoptiva por unos días, se me contagia el arte de la tierra y me permito versionar uno de los himnos mas cantados en Miarmilandia ....Al "color especial" le salen dos competidores: el olor especial a adobo de la calle Tetuán ..... y el dolor mas especial todavía que tengo en los pies por culpa de la diabólica conjunción de tacones y rebajas......

21 de enero

Hoy tocó visita al Museo de Bellas Artes. Es una de nuestras rutinas sevillanas....Ribera, Zurbarán, Valdés Leal..... y hoy, de los fondos del museo, una sala todita para Gonzalo Bilbao......... Me encanta esa pintura costumbrista, ese reflejo de un pasado no tan lejano...... Dejo atrás tanta belleza, los claustros y los arrayanes, y el presente de Sevilla, enérgico y vital, me atrapa ...Y las cigarreras y las gitanas se convierten, a solo dos calles de distancia, en una marea de mujeres cargadas con bolsas del Corte Inglés.....

22 de enero

Vuelta a nuestra casa. O mejor, a nuestra cama, que tanto echamos de menos. Me encanta salir, pero regreso y aparco en la puerta la agitación del exterior, y, como quien pasa al otro lado de una frontera, me adentro en este espacio que he intentado hacer cálido y amable para los que lo vivimos. Casi recuperado el ritmo que imponen las cosas domésticas, pasa este domingo (paseo, comida compartida con Yimi, tarde de lectura) lleno de pequeños y prodigiosos placeres..Mañana, otro lunes al sol....

23 de enero

Ya ha llegado el momento. Temblor de manos, voz estrangulada, palpitaciones...... Aunque los síntomas podrían parecer los de un enamoramiento a primera vista .....nada que ver con la realidad...... Pedir cita para mi revisión ginecológica anual es mi segundo peor día de cada año. El primero es ir a la consulta, por supuesto..... Y si a alguien le parece una exageración, esta claro que sus cromosomas son XY...... ¡¡¡¡¡¡y que yo se los cambiaba por mis XX ese día!!!!!!!!

24 de enero

Escribo con la atención puesta en un programa de la tele, "Españoles en el mundo", esta vez en Senegal....Y mientras veo las imágenes y oigo hablar de Dakar, vuelvo a mi infancia y me parece estar oyendo la Radio Costera y los nombres de aquellos barcos que pescaban en aguas senegalesas sonaban en nuestra imaginación infantil, con ecos de aventuras. Dakar era entonces puerto de referencia para los pescadores ayamontinos y esa banda sonora: "Aquí el Peninsular, trabajando sin novedad", acompañó muchos días nuestras meriendas en casa de la abuela Rita... ¿Os acordáis, sisters y brothers ?

25 de enero

Abuso de mi condición de antigua alumna y me cuelo en el grupo de conversaciòn en francés de la Escuela Oficial de Idiomas. !Qué bien lo paso! Y vuelvo con dos ideas claras ....la primera ....el lujo no valorado de contar en Ayamonte con la Escuela .... Y la segunda, que yo hubiera sido el mas feliz de los inquilinos de la Torre de Babel....... Bon soir, mes amis...

26 de enero

El año pasado, tras un ataque de responsabilidad doméstica, compré un extintor. Justo al cumplirse los 12 meses, lo recogen para su revisión y recarga. Pienso: "Impresionante....¡¡¡¡¡Qué buen servicio postventa!!!!!! Hoy me lo traen ..y se llevan ¡¡¡¡¡¡¡21 euros!!!!!!!! !!Qué yo no digo que el servicio no los valga!!!!!!! Solo que si el kilo de anhídrido carbónico de la recarga sale a 10 euros y medio y en el hipotético caso de que mi estado pasara de sólido a gaseoso, de repente me doy cuenta de que yo sería lo mas valioso de mi casa............ ¡¡¡¡¡¡Toma ya subidón de autoestima!!!!!!! Jajajajaja

27 de enero

Cambio radical en nuestro recorrido ciclista. Hoy, campo. Y en 80 minutos nos montamos una tournée que me río yo de "Españoles por el Mundo". Salimos con un frío finlandés, y atravesamos un páramo de novela escocesa. ...... La marisma, con unos primorosos puentes de madera parece Noruega........pero sale por un momento el sol y, a lo lejos, los cipreses se dibujan ..... y la Toscana aparece entre la bruma...Y el broche de oro......... abro la puerta de casa y me recibe el olor de las albóndigas suecas (de Ikea, por supuesto), que tenemos para comer..... ¡La imaginación, al poder !

28 de enero

Esta noche, he probado el famoso coctail de champán de casa de Arturo y Maritere......... Yo, que normalmente no bebo, me he dejado convencer y me alegro......... Tengo todavia una risa floja que solo me deja darle a las teclas del jajajajaja...... Dante Aligheri decía: "El vino siembra poesía en los corazones". No sé yo que hubiera dicho del champán, pero en el mío, con tres sorbos, ya me ha crecido mi propia "Divina Comedia"....... Buona notte....

29 de enero

Casi lunes, casi febrero.......casi 56 ... Dos diítas me quedan para terminar mi año número 55 ..... Me despido de él con pena .... Esa cifra molaba, la verdad...... No sé que me espera en el próximo Con la serenidad que da la edad, solo espero tener paciencia para aceptar las cosas que no puedo cambiar, valor para cambiar las que sí puedo y sabiduría para poder distinguir unas de otras..... Uy ¡¡¡¡¡Me ha poseído por un momento el rollo zen!!!!!! ¡¡¡Socorro!!!

30 de enero

Doble ración de envidia, mañana y tarde. Mis asturianos favoritos regresan de Méjico y, por teléfono, me mandan sol, palmeras y pirámides .... ¡qué bien lo pasan y cuanto me alegro!! Y desde el hospital, de otro viaje bastante más transcendental, vuelve nuestra querida familia Molina, especialistas en torear a un negro bicho de la mala suerte que no puede con ellos, ... El enfermo se va recuperando y la enfermera no pierde la sonrisa ni la guapura ...! Para todos, y en especial para Mary, mi sana envidia por su valor, y mi cariño

31 de enero

Ayamonte-Huelva, para resolver un "temita de papeles". Huelva-Ayamonte, sin haber resuelto nada, y con el Chufo protestando (esta vez con razón) sobre la burocracia. Con el ronroneo del coche, el solecito y las vistas sobre la ría, la isla de Saltés y las marismas, desconecto y lo dejo protestar a gusto ...... Eso sí, me pongo en automático y cada 40 segundos le digo: "Sí, sí, cariño, verdad, totalmente de acuerdo". .... jijijiji..

1 de febrero

Lo sabía. ¡LO SABÍA! Ya me imaginaba que el día no iba a pasar sin llorar un poquito .... Pero, hija, dos veces .... Escribo tempranito (tengo una cita a las 9) en uno de mis más felices cumpleaños .....(¡¡¡Andrés dice que repito lo mismo cada 1 de febrero !!!!) . Unas lagrimitas con mis tres maravillosos hombres, que me miman, me achuchan esta mañana y me regalan ¡¡¡¡2 limoneros !!! paísanos del Chufo ...... Y a moco tendido, desde hace una hora, mientras leo las toneladas de amor, piropos, deseos de felicidad y buen rollo que vosotros, mi familia del FB, me enviáis...... ¡¡¡Gracias!!! Ah ...y en un par de meses, limones gratis para todos!!!

2 de febrero

¡Pobres limoneros! No han podido tener peor aterrizaje en casa .....El viento del norte los revuelca por el balcón y el frio congela las hojitas tiernas .....Les hago un sitio en el salón, donde van a pasar la noche calentitos y a salvo. Ellos me agradecen la hospitalidad dejándome en las manos olor a limones dulces. Y, para que se sientan en su tierra, antes de acostarse el Chufo los va a despedir en valenciano "Bona nit, chiquets,dormí bé".

3 de febrero

Excusas, excusas .... Las que busco y encuentro hoy para no salir a la calle .....Que si un dolorcito, que si el termo no quiere que hoy me duche....(Esa es verdad, el termo, que debe ser made in Écija, no funciona a menos de 5 grados). Todo menos decir que tengo frío ....Suspendo la salida al cine y alquilo la peli de W. Allen que me perdí ...Y cuando veo la nieve en el telediario y pienso que Paula e Irene han ido al cole madrileño con 0 graditos, me da un poco de vergüenza y me acurruco bajo la mesa camilla....

4 de febrero

Cerrado por congelación de las musas. Ellas y yo necesitamos un diíta de silencio. Se aceptan ideas para temas nuevos. Ya utilizados, a saber: hijos, el Chufo, sobrinas, bici, Isla Canela, libros, sol, Cádiz, limoneros, averías domesticas, frío, pájaros, pintores de fachadas, sisters y brothers, miedos varios (a la edad, a la enfermedad, a las ausencias)y risas varias (los porrazos, las meteduras de pata, las ocurrencias de los Rúa) etc..... Seis meses día a día ....Lo dicho: Queda abierto el buzón de sugerencias .

5 de febrero

¡¡¡¡¡Qué bien!!! Cuantos temas me habéis propuesto, amig@s mus@s! Gracias especiales a quién me considera capaz de escribir sobre ajedrez, cuando en realidad no sé jugar ni a las damas. Mi sobrina nº 1 me sugiere unos cuantos, todos interesantes, alguno surrealista e inteligente, como el humor que ella practica. Siempre he pensado que esta niña pasa sus ratos libres en otro planeta, y ahora lo confirmo .... Me proporciona un tema para el que necesitaría mucha, mucha ayuda .... ¿Alguien tiene el teléfono de Iker Jiménez? Clara quiere que hable de ovnis....jajajajajaj

6 *de febrero*

¡Tarde-noche de tranquilidad! A las ocho y media, mando al Chufo al colegio..... Bueno, ni lo mando, ni es precisamente al colegio. Hoy empieza un curso de fotografía, que va a durar un mes y del que espero me devuelvan a un Man Ray del siglo 21...... ¡¡¡¡Va a ser curioso para él pasar de profesor a alumno!!! Se va la mar de contento y solo se me ocurre decirle: ¡No te pelees con los otros niños y cómete el bocadillo!..jajajajaja. De todas formas, estoy atenta a como regresa..... Igual se piensa que está de Erasmus, y me vuelve trompa...

7 *de febrero*

¡Como cunde una tarde cuando te llevan y te traen tan ricamente a Sevilla!!!! Ya que por orden del médico el Chufo tiene que caminar 2 horas diarias, se me ocurre que podemos aprovechar los viajes de los martes de Andrés y cambiar de recorrido........Andamos, bicheamos desde las 3 y media (¡¡¡ay.....mi siesta!!) y a las 7, arrastrándonos ya, nos metemos en el cine .....Benditas butacas y bendita oscuridad que me deja quitarme las botas de tacón ....Así, descalza y exhausta, dejo que Leonardo Di Caprio, dirigido por Clint Eastwood, me confirme que algunos, como los buenos vinos, ganan con la edad ..... Y pá casita, otra vez.

8 *de febrero*

Hay un camino que casi a diario me lleva a la orilla del mar. No son más que seis kms. de sencillo carril-bici, pero para mí es el viviente calendario por el que sigo los cambios de las estaciones y la naturaleza. Desde hace una semana, comparto mi ruta con las procesionarias, que no faltan ni un año a su cita........ Salen de los pinos que bordean el carril, y lo atraviesan ...

9 de febrero

Ayyyyy. ...No paro de oír lo mismo en este soso y frío día. Garzón, resolución, inhabilitación ......Paredón, santificación........ mientras os ponéis de acuerdo sobre si es ángel o demonio ... una reflexión ...... ¿Cuantas tonterias pueden decirse en castellano con palabras que acaben en "ón"? Muchas, incluso acabar un comentario como este, frío y soso como el 9 de febrero. Firmado: Cinta Concepción .

10 de febrero

Me dejo convencer, y el Chufo me lleva hoy a visitar uno de sus lugares de culto ¡¡los mercados de abastos!!! Entro en el del Carmen, en Huelva, a rastras, y salgo ...alucinada. Hacía mucho tiempo que no sentía esa sensación de abundancia, calidad, frescura... ¡Qué pescado! Gambas blancas como para rellenar el Colombino, peces espada de la talla 44, merluzas de pincho...

11 de febrero

Me río, y mucho, por no llorar. Veo y escucho a Los Puretas del Caribe, una chirigota gaditana con toda la gracia .... y, ¡vaya por Dios! ese popurrí es la banda sonora de mi vida ... Suena "Black is Black" (uu...¡¡¡¡¡aiguonmaibeibiisbá) y Nino Bravo, y hasta el

Cocouaua me trae recuerdos de discotecas y verbenas......... Con lo que me gustaba (y me gusta) bailar ...... Vivo una época de transición...... demasiado vieja para las discotecas, demasiado joven para los parties del Hogar del Pensionista.....

12 de febrero

La guinda de la semana. Los domingos a las ocho de la tarde, conexión con la Villa y Corte, y la sister n° 5. Sigo el desarrollo de sus niñas, semana a semana, a través de internet. Paula me cuenta sus proyectos de carnaval (será una hermosa mini- Blancanieves), y veo los pasitos inseguros de Irene.....Algo es algo....verlas, oírlas ..pero no tocarlas........Se me van las manos a la pantalla y, como Alicia a través del espejo, quiero atravesar el cristal y achucharlas .... Y el pobre Andrés, que vuelve del finde, se encuentra con una lluvia de besos y abrazos inesperados al abrir la puerta....

13 de febrero

Recojo durante la caminata de hoy postales vivientes, anticipando el día de San Valentín. Pareja 1. Sentados en la dársena, viendo la puesta de sol, aguantando el viento polar. Pareja 2. Compartiendo un único sillín de bicicleta. Pareja 3. Cruzando de la manita un paso de peatones, mirándose a los ojos e ignorando que hay cafres que no respetan los pasos de cebra.... Pareja 4. Reflejados en el escaparate de una peluquería, abrigados como esquimales y con zapatos de deportes. (Esta postal, en blanco y negro, eramos el chufo y yo). jajajajajajajaja

14 de febrero

Leo el nacimiento del bebé que,con sus células donadas, va a hacer de su hermano un niño sano y feliz.... Me emociona y me hace pensar .pensar en el ser humano tan completo que yo sería con donaciones de esas cualidades que mis herman@s tienen de sobra ....De los brothers 1, 2 y 3 recibiría, respectivamente, responsabilida, entusiasmo y discreción. Las sisters 1,2,3,4, y 5 podrían donarme sensibilidad artística, valor, capacidad de disfrutar, integridad y disciplina, cosas de las que, en ese orden, van sobradas... Y si una de ellas (no hace falta numerarla, solo hay que mirarla) me pasara además su capacidad para comer como una lima y no subir de 50 kilos..........ya, la perfección...jajajaja.

15 de febrero

Una amiga, antimonárquica convencida, me pone al día esta mañana de la "Carrera de Urdangarín"..... Comparto su indignación ante tal (presunto) personaje ...... Y por mi parte, vergüenza ajena e incluso un poco de compasión .....Pero muy, muy, poquita y solo por un nanosegundo..... el tiempo que tardo en pensar en mi hijo, estudiando encerrado unas oposiciones, no presuntas, sino reales, para las que hay en toda Andalucía 54 muy escasas y muy reales, no presuntas, plazas ....

16 de febrero

Pasa el jueves, tranquilo y recogido, con una sola y aprovechada salida ......¡Increíble febrero! Dejo la bici en el paseo y bajo a la orilla....... ¡¡¡¡Cuánta belleza ¡¡¡Sólo para nuestros ojos, se extiende la arena sin una huella, sin un rastro .... Las gaviotas y los correlimos nos ignoran, y nos acercamos hasta casi tocarlos......Sin viento, sin frío ni prisas ..... sólo mar, arena y luz en esta primavera que dura ya todo un otoño, todo un invierno.........

17 de febrero

Es verdad que los ayamontinos nacemos donde nos da la gana, como los de Bilbao......... Si no, no se entiende que mi cuñado n° 5 venga desde Madrid, arrastrando a las tres mujeres de su vida y sus vascos apellidos, para pasar aquí un escaso día y medio y vestirse de máscara el sábado con el mas fiestero de la familia, mi primogénito .... !Ole, ole y ole!

18 y 19 de febrero

Pasan en un soplo estos dos días. Las energías para el comentario de ayer las dejé corriendo toda la tarde detrás de Paula-Blancanieves y tres enanitos más. ¡Qué bien lo pasamos! Tíovivo, coches-topes y castillo hinchable, más dos bailes de "Ay, si eu te pego", en la escalera del toro mecánico. Resultado de tanto exceso......... la niña se duerme de pié, y yo......siento en todos y cada uno de mis puntos cardinales tirones, dolores y contracturas..... !Neobrufén, neobrufén, neobrufén te quiiiiiero, suena alegre neobrufén, suena alegre neobrufén, en el mundo enteeeeerooooooooo¡

20 de febrero

Mi frigo, que era el orgullo de mi cocina, sufre una repentina subida de frigohormonas y se instala en una edad del pavo que me trae loca. Protesta pitando por

todo : si está lleno, se enfada y pita, si vacío, pita, si cerramos la puerta, si la dejamos abierta, pipipipi.........
Suena el pitido, y como tres médicos de urgencias, el Chufo, Andrés y yo, sea de noche o sea de día, nos precipitamos a consolarlo, apretando botones en su panel de mando galáctico.... Hemos decidido dormir por turnos, en el suelo de la cocina y enrollados en mantas.......No podemos abandonarlo. Nos necesita.........
jajajajaja

21 de febrero

¡Qué extrañas fobias padecen mis hombres! Andrés me ve con la cinta métrica, y se echa a temblar......., Compruebo el grosor del tabique de su cuarto y barrunta un desalojo a toda regla ..... Y si me oye dar golpes en la pared, intentando detectar una columna inamovible, llama a su padre y me acusa: "Ya está mamá pensando en otra obra". Y sí, lo confieso: me llamo Cinta y soy adicta a los albañiles (pero como gremio, ¿eh?)

22 de febrero

Preparo unas bandejitas con bombones, que serán un pequeño regalo para los invitados del bautizo del nuevo ahijado lepero. Acaparo chocolate en el súper como para sufrir un coma diabético y me coloco en la cola de la caja. El cliente de delante, con una pinta sanísima, cargado de productos light y sin un hidrato de carbono en la cesta, me mira de arriba abajo, con cara de ¿asco? ¿envidia? Y yo pienso, con la cara roja (de nestlé): ¡¡¡Ojalá este no haya oído nunca lo del chocolate-sustituto del sexo!!!!!

23 de febrero

Anuncian en la tele para el domingo un especial de Jesús Calleja en la Antártica. Me lo apunto para verlo y reírme un ratito. ¡Cómo me divierte este personaje! Lo admiro, me transmite un buen rollo, apartado de otros "aventureros" que van de superhéroes .... Se cae, se resbala, intenta ponerse dos guantes de la misma mano ... y sale adelante, con humor y con valentía, y el inglés más macarrónico que he oído jamás .... Jesusito de mi vida: Would you marry me? jajajaja..

24 de febrero

Os dejo un pequeño párrafo de un escritora desconocida hasta ahora para mí. Dice así: "Hay temporadas en la vida de una pareja en que uno se interna en lo oscuro, mientras el otro se queda fuera, sosteniendo la Luna". .... Como algunos de vosotros, yo también me he sentido perdida a veces. Pero también, a veces, me he sentido faro y guía. Y no sabría decir que es mas duro de llevar. Y tampoco sabría decir a que viene esta chorrada que escribo........ ¡Ah, sí! posiblemente a que hoy no llevo puesto el cerebro ......

25 de febrero

Una tarde para el recuerdo .... Una iglesia a dos pasos del mar, unos queridos amigos que bautizan a su 1er. niño........ y un padrino guapísimo que unas horas antes ardía de fiebre ..... Uffffffffff...... ¡¡que capacidad de recuperación tienen los jóvenes!!. Se pone el sol en la playa, y el frío nos toma por sorpresa .... entro en el coche de vuelta a casa, con los piés y las manos helados, pero con una cálida, cálida sensación en el corazón....Gracias, Miriam y Enrique, por, en estos tiempos de contagiosas sombras, habernos dejado compartir este vuestro momento de luz ...

26 de febrero

Con la misma certeza con la que caen las horas del reloj, surge cada noche, sobre las diez, una pregunta transcendental y que marca el futuro próximo de mi familia, su felicidad o su tristeza. Esa duda provoca debates, ruegos e intentos de soborno ..... Y es, nada mas y nada menos, que la pregunta del millón ¿¿¿¿¿¿¿¿¿Qué comemos mañana ??????????

27 de febrero

Paso entre (o mejor, cerca de) caballos la tarde.... Y todo por amor. ....jajajaj....que unos bichos tan grandes, peludos y olorosos (y bonitos, no lo niego) no me vuelven loca. Pero acompaño a Mar, sobrina y huésped en casa, a su clase de hípica en Lepe..... A la media hora de verla dar vueltas en una yegua que la triplica en altura, me mareo y salgo del picadero...... Y en unos metros encuentro el campo de fresas más impresionante y cientos de árboles frutales bajo plástico .....Caballos dóciles para niños y frutas que maduran cuando queremos ¿progreso o negocio? Dedicado a M. Thorices, que sí que susurra y ama a los caballos.

28 y 29 de febrero

El tema da para dos días, por desgracia. Y es la manera en la que el pobre Chufo, andaluz de adopción, ha celebrado el día de Andalucía ..... Gripe a la enésima potencia, fiebre-del-sábado-noche (39 graditos y .....¡¡¡subiendo!!!) y miedo, mucho miedo, a compartir como bienes gananciales con la enfermera jefe (yo)..... Dado el conocido e inexplicable, para mí, amor de los valencianos por el fuego, está dudando si para el día de la Comunidad Valenciana se inmola a lo bonzo o se ofrece como ofrenda en un volcán hawaiano..... jajajajaja

1 de marzo

Un mes nuevo, 31 días a estrenar. ... Empieza marzo con cumpleaños tan en la intimidad, (Gripe in progress), que solo estamos el cumpleañero, el primogénito, el chico y yo .... Ya vendrán celebraciones mas concurridas, cuando la salud y el tiempo lo permitan.... Tarta de queso y arándanos, unas velas reutilizadas y buenos deseos ..... Si a partir de los 50, cada año es un regalo.......... no me extraña que, pese a todo, el Chufo esté con carita de felicidad (mientras ni tosa ni estornude) .

2 de marzo

Veo "El Tiempo" en tres o cuatro cadenas diferentes y hoy dejo en manos del dios de la lluvia el riego de mis sufridos limoneros ..... Harta de mirar al cielo, a las ocho de la tarde salgo con mi cutre-regadera de plástico y lleno hasta arriba los tiestos de barro .....Si esto no funciona, mañana lavaré el coche .... Y si el dichoso dios de la lluvia sigue sin "llorar"sobre Ayamonte, llamo al vivero, y que me cambien los limoneros por cactus del desierto de Almería ......

3 de marzo

Votamos la película, votamos la sesión a la que ir, votamos el cine ... y al final, con la grandeza de la democracia amparándonos ... decidimos que se nos ha hecho tarde, y nos quedamos en casa. Y no es fácil. En las decisiones "à deux" lo más probable es que empatemos... Y paso la tarde alimentándome (espiritualmente) de libros robados y (materialmente) del chocolate suizo ...

4 de marzo

Y sin pensarlo, regreso al pasado enmedio del centro comercial de Faro. Justo allí, los Playmobil despliegan su arsenal de casitas, granjas, castillos y barcos piratas (si que eran ricos los tíos) y 50 niños juegan embobados, con las mismas caritas que ponían mis hijos hace mas de veinte años....... Cuantas horas pasaron jugando con ellos ...y cuantas pasé yo recogiendo diminutos accesorios (joyas del tesoro pirata, escudos y cascos de los caballeros, los salvavidas de los patrulleros, y esas pelucas intercambiables y escurridizas). ¡Cómo echo de menos el tiempo en que su mundo cabía entero en un bolsillo !

5 de marzo

De como retomo la bici y vuelvo del paseo con un colocón de retama............... Para contrariar a los botánicos que dicen que sin agua de lluvia no hay flores ni olores, las retamas de Canela se esmeran esta temporada : florecen antes y huelen mas que nunca...... Y, contra tu voluntad, hacen que te bajes de la bici y metas la cara entre las ramas, buscando una primavera que se asoma, se asoma ya..........

6 de marzo

El técnico de AEG (al que acudo antes de cometer un frigoricidio) me informa de su tarifa: Desplazamiento y mano de obra, 90 euros. Mi hijo Andrés (al que le comento el dato), me informa a su vez: "Por ese precio, puedes contratar un "Boy".....Lo estoy pensando. Si escojo la 2ª opción, el frigo seguirá pitando, pero por lo menos yo aprenderé a bailar el "Ay, si eu te pego"

7 de marzo

La Luna sobre los esteros. Suena a película de Kurosawa. Pero no, es el espectáculo al que hemos asistido el Chufo y yo esta tarde desde la terraza, en vivo y en directo. Una luna con agujeros de Gruyère, tamaño de Enmental y color de Brie, sale de entre las zaperas y se cuelga de un cielo rojo y gris. Impresiona. Impresiona tanto, que, para cenar, preparo una tabla de quesos y, a bocaditos.

8 de marzo

Felicidades a todas las mujeres. A todas, porque con distintas intensidades, somos trabajadoras. Si esas intensidades se midieran en la escala de Richter, mi sister 5 sería el tsunami de Japón y yo ....digamos que he entrado en una fase libre de stress y lo que es mejor, de remordimientos.......Admiro a todas y cada una de esas valientes mujeres que intentan (e incluso consiguen) llegar a todo .Pero para las que dejamos atrás los años de prisas y fórmulas mágicas para multiplicar el tiempo......

un refrán "A quién Dios se lo dé, San Pedro se lo bendiga"

9 de marzo

Día tan completo, que no me quedaron fuerzas para escribir anoche. Paella de cordón bleu (chef Chufo) e invitados (mi sobrino-debilidad, Adri). Para compensar al cocinero, lo invito al cine...... Y que maravillosa peli vemos ... Scorsese se supera, y ver al Chufo con las gafas de 3D sobre las suyas, no tiene precio.... Pequeñas cosas, diminutos momentos de felicidad, en esta complicada y maravillosa aventura que llamamos vida ....

10 de marzo

En el escaparate de la librería, un cartelito (pulcro, escrito a mano con letra infantil) sin desperdicio: se ofrecen paseadoras de perros ...... La librera me cuenta que los aspirantes a ganarse la vida a euro y medio los cinco minutos de paseo perruno son dos niñas de ocho o nueve años y delgadas como dos juncos .... Especifican que solo aceptan clientes de tamaño"pequeño-mediano"y eso me tranquiliza ....Ya las imaginaba volando, despegando del suelo, arrastradas por un gran danés o un par de pitbulls...... ¡¡¡Y dice alguno que los jóvenes andaluces no son emprendedores.....!!!!!

11 de marzo

¡Cuántas lecciones recibo hoy, y de que diversas fuentes ! Alguien de mi más cercano entorno va a pelear y a ayudar a vencer un problema de salud que se presenta en su familia. Así me lo dice, y yo la creo ...... ¡¡es una jabata!!!.Y mi suegra, la Chufa-madre, que hoy cumple ¡¡¡88 años!!!! me cuenta sus planes de viaje para pasar, como cada año, la primavera en el Sur, a mil kms de su casa...... Cuando Arquímedes pedía: "Dadme un punto de apoyo, y moveré el mundo", no se refería a la palanca. Seguro que se refería, (griega, ayamontina o alcoyana), a la voluntad de una mujer valerosa.

15 de marzo

Salto del 12 al 15, porque hay días que más vale estar callada y esperar que pasen. Y así, aprovecho para dejar que la pre-primavera-que-nos-invade siga su curso y me sorprenda. ...Y lo hace. Y al levantar esta mañana las persianas del dormitorio, se nos cuela la visiòn, repetida desde hace unos años, pero no por eso menos impactante, de los atletas escandinavos que entrenan la pretemporada en las pistas de atletismo que están a 50 metros de mi cabecera......... ¡Que alegría para la vista !!! Señoras ....¡Alquilo balcones y ventanas, como en las bodas reales!!!!

16 de marzo

Me asalta en una esquina el olor a incienso .... Mi madre alarga túnicas para las penitentes madrileñas que han crecido metro y cuarto desde el Jueves Santo pasado ....Un cartel me dice que ya hay habas para enzapatar....y ..... se me activa el reloj la cuenta atrás hacia el pasado ......Ay..Los ritos de nuestra tierra nos hacen amarrarnos a la infancia y consolarnos un poquito de la gran faena de habernos hecho (sniffff) adultos.

17 de marzo

Una pequeñita reflexión. Para algunos de nosotros, el estado de ánimo es el clima en que vivimos .por eso, aún sabiendo que es imposible, en el clima o en la vida, real o figuradamente, siempre necesitamos que haga sol..... ¡¡¡¡¡1er. paso para una frustración nada pequeñita!!!!! jajajajaj

18 de marzo

Andrés y su Suri se empeñan en abrir la temporada de pesca-para-torpes. El Chufo y yo bajamos a la orilla, para darles respectivamente,el coñazo (yo) y consejos de pescador (él). Antes, dejamos las bicis amarradas en la valla, no por miedo a los ladrones de bicicletas, sino a que el viento se las lleve. !Qué vendaval! Afortunadamente, desisten al poco rato y el Consejero de Pesca nos invita a comer. Hoy Isla Canela ha sido un paraíso entre dos mares .... ¡la mare que parió al Poniente, y la mare que parió al Levante!

19 de marzo

Mis vecinos de siempre venden la casa. Cambios en sus vidas los llevan al campo, donde ejercen de felices pijippies (hippies, pero pijos). Pero nos quieren tanto (el sentimiento es de ida y vuelta), que seleccionan a los posibles compradores o inquilinos pensando si me gustaran a mí o no .... Como será difícil encontrar a nadie como ellos, nos conformamos con que cumplan dos condiciones: 1ª: "Que no tengan mas de 5 niños" y 2ª: "Que esos niños no sean pianistas, guitarristas ni cantantes". Y aunque parezca que veto a la familia Trapp en particular, ellos saben por qué lo digo: ¡¡¡¡Todo el talento musical del barrio se lo llevó su hija, y ya no tengo edad ni paciencia para (otra vez) las escalas y los acordes... jajajajaja.

20 de marzo

Típico. Vas al súper a por una cositadená, y sales con provisiones para resistir una catástrofe nuclear. Me bajo del coche como una princesa y dejo al elfo doméstico (conocido como Chufo) con todas las bolsas y las chaquetas. Y con una voz procedente del norte de Groenlandia, de tan cálida, me dice "Tranquila, no hace falta que me ayudes". ¡¡¡¡¡Ay!!!!!. Entre la primavera trompetera y las (inexistentes) hormonas ando en las nubes.........

21 y 22 de marzo

Pasan rápidos los días, tanto, que se me acumula el diario .....Hoy, por circunstancias propias y ajenas, recupero el humor y la concentración que también por circunstancias ajenas y propias, esta última semana parecían missing. Valeeee . .... lo sé ..que la vida son tres días, y no merece la pena preocuparse, y bla, bla, bla ... Que yo también se dar, y no me corto, buenos consejos.....pero permitidme que de vez en cuando, tenga un ""'momento plofffff' ....jajajaja

23 de marzo

Sin fanfarrias, corte de cinta ni palabras de políticos, me monto esta mañana mi particular inauguración del carril bici..... ¡Que maravilla! Por un momento, me siento guiriecologista-deportista y un poco cortada..jajajaja.. Yo solita, en plan probador de Ferrari, doy una vuelta de reconocimiento al circuito y me planto en el centro del pueblo sin bajarme del carril......... Y sin oír a uno con mono azul que me gritaba: "ZEÑORAAAAAAA ......que está recieén pintaooooooooo".

24 de marzo

Procrastinar. Acabo de aprender este verbo. Significa "diferir o aplazar una decisión". Interesante. No lo había visto nunca, aunque lo he hecho a veces. Solo a veces...... pero ya que lo incorporo a mi vocabulario (jajaja, ya mañana ni me acuerdo como es la palabra), lo conjugo : Yo procrastino (jopé, suena a enfermedad) el levantarme del sofá y recoger la cocina . Tú procrastinas .... (a tu elección) . El (el Chufo) procrastina la operación bikini y me sugiere un tour por las pastelerías de Ayamonte, probando en todas la coca ......Y nosotros (él y yo) procrastinamos cambiarle la pila a la báscula del baño. .... y saber que no está estropeada.

25 de marzo

Día para guardar en la memoria ....40 años casi sin vernos y, Mercedes y yo, a los cinco minutos de reencontrarnos, tenemos la risa floja de los 14 .Anfitriona generosa, nos deja entrar en su paraiso animal y vegetal. Jose pasa la tarde fotografiando el vuelo de los pavos reales mas mimados del universo ....y yo me vuelvo de Moguer cargada de fresas como naranjas, naranjas como calabazas, huevos de verdad y una brazada de plumas color lapislázuli . Y lo mejor, habiendo recuperado una amiga . ... ¡¡¡¡ Ay...si pudiera repartir trocitos de este día !!!!

26 de marzo

Elemental norma de circulación para ciclistas: no rozar al prójimo. Tan elemental, querido Watson, que los menores de 20 años la ignoran. Esta tarde un cafre, que seguramente jugará en la categoría "Chulos de carril-bici", me adelanta a 3 centímetros de mi manillar....Doy tal bote que mi merienda, una naranja moguereña del tamaño y el color de la luna de agosto, sale disparada del cesto y rueda por el suelo. Y yo, ignorando otra elemental norma, esta de educación, me acuerdo de todita la parentela del cafre .....(y, por supuesto, recupero y me como la naranja saltarina).

28 de marzo

Odio el viento de Poniente........... Cierro puertas y ventanas y espero que pase, pero me sigue y me encuentra .... Por la mañana, recién salida de la peluquería, me arrincona en una esquina y se lleva por delante dos horitas de martirio de mechas, cepillo y secador. Por la tarde, corregido y aumentado, me regala un dolor de cabeza de persona mayor....El simún, la tramontana, el siroco o el mistral, hasta una buena galerna en el mar del norte .... nothing is compaaaaaared to youuuuuu, enloquecedor, poderoso Poniente .

29 de marzo

Mañana es mi Minidomingo de Ramos. Si, sé que es viernes ...pero como Jesús entró en Jerusalén,mis niñas madrileñas vuelven por una semana a nuestro mundo . No vienen en mula ni asno ni las recibiremos con palmas ni ramas de olivo, pero las sisters 2, 4 y yo, autoproclamadas abuelas postizas .... las esperamos con surtido de achuchones y programa de actividades . Mañana seremos jubilosas santas mujeres y cuando se vayan, yo al menos, una llorosa Mª Magdalena...... !Queda una semana de Pasión-por-ellas y ni la lluvia ni la competencia desleal entre sisters me las quitarán. Si hace falta, llamo a los Armados de la Macarena en mi auxilio......Hossanna, Hossanna .....

30 de marzo

Real como la vida misma.... Mi brother nº2 mejora su inglès con clases particulares, que paga religiosamente (of course). Su teacher, que como buena inglesa adora a los perros, lleva a los suyos a mi sister 4, que los vacuna y les pasa la I.T.V. canina, abonando la consulta, como es normal. Ella, veterinaria, recupera su codo recièn operado con nuestro comùn fisioterapeuta, que le cobra por su estupendo trabajo. Y el fisio saca tiempo de no sè donde para ir a clases de inglès ..... que paga a la misma teacher...... Y aquì termina este tutorial de Microeconomìa Pueblerina...jajajajaja

1 de abril

Mañana de Domingo de Ramos en La Laguna .La plaza llena de niños, las terrazas a tope y un repique de campanas que levanta una nube de palomas comilonas ¡¡¡Ni volar pueden las pobres!!! Paula e Irene descubren ese instinto tan femenino de alimentar y ceban a los pobres bichos con delicatessen de Gusanitos y migas de pan. Cuando pase la Semana Santa y empiece la operación-bikini para palomas, las veremos, arrastrando el buche por el suelo, en fila india en la puerta del Natur House.

2 de abril

Salimos dispuestos a estrenarnos como espectadores semanasanteros y nos volvemos a casa con un bebé de 1 año y medio, para cuidar en la salud y en la enfermedad, en la riqueza y en la pobreza, hasta que sus padres nos separen (de ella). Elegimos jugar a la pelota, dar biberones y cambiar pañales libremente y sin coacciones, y con toda seguridad, acabar agotados, al estilo Jalisco.... Y todo por amor a Irene .... O será que ya a estas alturas de la película, al Chufo y a mí nos aburren las procesiones tanto como nos divierten los bebés. ...

3 de abril

Me refería el Domingo de Ramos a las campanas que suenan en las iglesias de Ayamonte............. Y hoy, con invitados a comer y la casa llena de humo, vuelve la campana como tema recurrente. Pero en su versión doméstica y extractora .... La de casa, en estado comatoso desde el dia 16 de marzo, espera en mi patio, envuelta en un hule, una pieza que la saque de su silencio. A tenor del retraso, la famosa pieza, también llamada "LAAAAAAAA PIEEEEEEEZAA" por el técnico que nos desmontó el aparato, debe venir desde Ganímedes, vía Orión, lo menos. Y mientras, nosotros sin poder freír pescaíto.....ayyyy

8 de marzo

Intentando recobrar la normalidad ..... Me despido de las niñas y en el coche, de vuelta a casa, espanto la pena cantando con Estopa y Rosariyo .....(con las ventanas cerradas, que una tiene una fama que mantener)..Mientras me "suena el runrún de mi corazón"...me vengo tan arriba yo misma que de milagro no me como el coche de delante ....Una extraña conjunción entre el único semáforo que tenemos y el único portugués que le hace caso .jajaja.....

10 de abril

Hoy no tengo palabras. Cojo prestadas las de Miguel Hernández para despedir a mi primo Curri, que se nos fue ayer, "como del rayo"....."Temprano levantó la muerte el vuelo, temprano madrugó la madrugada ......". Descansa en paz.

13 de abril

Ya en casa, me obligo a ver fotos y vídeos de momentos felices, cuando formábamos una tribu con mas bendiciones que desgracias..... La experiencia y la cabeza me dicen que voñverá a salir el sol........ Mientras tanto, tenemos el paraguas de los recuerdos y el amor........

14 de abril

Isabel me manda desde Estocolmo un balsámico poema y una maravillosa versión de "Fields of gold" de Sting, en la perdida voz de Eva Cassidy. La oigo dos, tres veces, mientras leo esas palabras mágicas.....Frente a casa, la lluvia de abril saca fuera un millón de margaritas, un verdadero campo dorado. Música, palabras, paisaje..... Se para el tiempo un momento, y un atisbo de paz se cuela por las rendijas.........among of fields of gold.........

15 de abril

Hoy se mezcla todo .... Un pisotón de un elefante, un puzzle de cadera, y un país cabreado ......No es exacta la historia...... pero soñar es libre....... Y sí, puedo ser tan insensible como él lo es con sus subditos...... Y retiro lo del pisotón, que me está.dando mal rollo.....

16 de abril

Hace un par de semanas, aprendía el verbo "procrastinar". Y esta me toca practicar otro: relativizar. Y relativizo incluso problemas de salud que hace 10 días me angustiaban, las nuevas arrugas que añado a la colección (y estas no son precisamente por haberme reido) y ya no digamos que el viento me haya quemado los limoneros....... En realidad, nada de todo eso es importante en absoluto, ni en relativo....... Relativizar y rascar, todo es empezar........

17 de abril

Vuelvo de Sevilla tarde, agotada y sorprendida. Esto último, por dos razones. La primera, que yo, que he sido capaz de perderme en San Silvestre (verídico), he guiado al Chufo por calles y callejuelas desconocidas...... Vaaaaaaaaaaaale, con ayuda de los mapas del teléeeeeefono. Y la segunda, que conozco a un ginecólogo con empatía (cosa difícil, por lo visto) y mucho sentido del humor ... Dicen que Sevilla ya huele a feria. A mí, ayer, me ha empezado a oler a cloroformo ....ainssssssssss !!!!!

18 de abril

¡¡¡¡Menudo despertar!!!!!!! Un estruendo tremendo, y en cuatro segundos, como dos corresponsales de guerra, ya estamos subidos a la azotea, con los prismáticos.......Un helicóptero de la Guardia Civil sobrevuela "nuestro" espacio aéreo y se mantiene suspendido sobre Canela 20 minutos..........El Chufo, peliculero, apuesta por una redada contra la mafia calabresa....yo, a que vienen a detenerme a mí, por haber preferido un elefante a un rey en el Facebook.........

19 de abril

El Chufo cocina hoy, y se queja, como cada vez que lo hace......... No por cocinar, que para eso que se presenta voluntario, sino por el resultado......... La eterna insatisfacción de cocinero autoexigente ...... Para darle ánimos (¡¡¡¡¡¡No, está perfecto, no falta sal, ni sobra azafrán, ni minutos de cocción !!!!!!!!!!!!), el Yimito, Andrés y yo repetimos plato .... Y cada uno por una razón: Uno, por gula, el otro por amor paterno y yo........ por no perder al chef ¡¡¡¡Y nos levantamos como tres ocas cebadas ....!!!!!!

20 de abril

Indignada, pero mucho, mucho.... A pocos minutos de la hora límite, se cancelan las oposiciones de secundaria en Andalucía. Mi hijo, que lleva meses preparándolas, con la consiguiente inversión en ilusión, tiempo, esfuerzo y dinero en academias, me llama para decírmelo. Admiro su contención ... yo que al parecer, era demasiado optimista con las posibilidades, no me lo tomo tan bien .....''Cuando se cierra una puerta, se abre una ventana'' ''Ya saldrá algo'' le digo ..Y a mi misma me advierto. ''No se te ocurra ahora poner un circo ...te crecerían los enanos''.

21 de abril

La rama alcoyana de la familia (el Chufo) ha vivido hoy una tarde de gloria. Contra todo pronóstico, el equipo de su pueblo (si, el de la mítica moral), golea al Recre en su propia casa. Antes de abandonarlo a su suerte en la puerta del Colombino, le hago aprender algunas frases de supervivencia con acento choquero, por si es capturado por los hinchas del equipo local e identificado como visitante: ''¡¡¡¡Ole mi Recre güeno, viva Güerva y su fandango, como nos han robao er partío estos .... (insulto, a su elección) arcoyanos.......!!!!!!!!!!!

22 de abril

Vueltecita de reconocimiento por Playa Alta. ¡Cómo están ya los jardines! .Donde hace 15 días solo había ramas peladas y retorcidas, hay ahora un arcoiris de rosas. Las hortensias, podadas a mala uva, reaccionan como valientes y salen a demostrar que con las gallegas no se puede...... Y las buganvillas y los setos empiezan a criar espinas de defensa anti-niños-destroyers. La vida estalla en todo el recinto y me dan ganas de abrazar a los jardineros y mandarles en adopción a mis deshojados, esmirriados limoneros.

23 de abril

Hoy he llegado al cúlmen de mi carrera profesional. Sí, que las amas de casa también somos mujeres de provecho. A partir de mañana me retiro (¡¡¡¡¡que mas quisiera!!!!!!).He conseguido ver el fondo de las dos canastas de la ropa sucia. Por unos instantes no ha habido en toda la casa una sola prenda para lavar..... Hacía tanto tiempo de la última vez que eso pasó, que en el fondo de una de las cestas han aparecido dos doradas monedas de ¡¡¡¡¡¡ cien pesetas !!!!!!!!!! .

24 de abril

Messi llorando y el Chufo partío de la risa .... Escribo en tiempo real y con la mano izquierda le tiro un cojín........... ¡¡¡¡¡Un respeto a las lágrimas de un pequeño gran jugador!!!!!!! No hay nada que me enternezca más que un hombre llorando, que le vamos a hacer...aunque sea por un penalty fallado..........

25 de abril

De esta me despiden.... Me lleva el Chufo a S. Juan del Puerto a una lectura poética. Mi misión, aparte de pasearme un rato, es hacer algunas fotografías del acto. Y las hago, pero fatal .... Se ven las cabezas de los asistentes y a lo lejos, muuuy lejos se vislumbra a mi poeta .... Ay,

Señor....... Menos mal que, al pasar por Moguer, Mercedes nos llena el coche de dulces. La próxima vez (si me recupero del coma diabético que me estoy buscando), a lo mejor me acuerdo de utilizar algo llamado "zoom".

26 de abril

Sé que a veces me paso de espontánea. Y eso me ha puesto en situaciones, digamos, incómodas ....pero no escarmiento .... Por eso hoy, sin pensarlo mucho, he frenado en medio del carril-bici y me he bajado a felicitar a los tres técnicos del Ayuntamiento que lo inspeccionaban. Han flipado un poco. No es muy habitual, me dicen, que los ciudadanos de a pié (en este caso, de a bici), les hablen si no es para quejarse..... Me da igual .... Hoy, parados en mitad del carril, han sido los tres, para mí, unos Reyes Magos que me han dejado un regalo de 6 Kms.

27 de abril

Otra vez vuelve el facebook a ser la puerta al pasado ....Vicky, a quien tanto admiraba en el colegio, viene por Ayamonte, me convoca desde aquí y no pierdo la ocasión para reencontrarla. Ella y parte de su familia, un cielo de gente, acompañan a Violeta, su niña bonita, que expone su obra en "Passage". La hija no ha podido ni querido revertir la carga genética materna y aparte de la risa fácil y la guasa choquera, ha heredado de su madre un arte y una sensibilidad que nos han hecho enamorarnos de ella y de sus cuadros de arena y de luz....

28 de abril

La sister 2 y yo volvemos a nuestro intermitente papel de abuelas postizas con nuestras madrileñitas. Esta mañana, baño e intento de peinado. No somos muy expertas en secador y moñitos, ya que entre las dos reunimos siete varones en casa, pero ponemos empeño. Al acabar, las dejamos como preparadas para el casting de un musical : Irene, despeluchada, para el de "El Rey León"y Paula, toda rizada, para el de "Annie, la huerfanita".....jajajaja.....

29 de abril

Vamos con Yimi a comer a Portugal. Atravesando el puente, el viento mueve el coche de lado a lado y las nubes negras tapan el castillo de Castromarín. En el tiempo que tardamos en volver, es Ayamonte el que aparece aplastado por un manto denso y húmedo que asusta ..... Pero rellenos de la mejor menestra del mundo, y una porción gigante de bavaroise de piña que Rui nos prepara, no hay tifón que pueda movernos......Como dicen nuestros vecinos de enfrente: "De Espanha, ni bom vento, ni bom casamento".

30 de abril

Mi gente, con su mejor intención de no darme tiempo a pensar en la que me espera, me preparan una semana de aúpa. Hay de todo: Mañana, amigos a comer, pasado, adopción temporal de sobrina, presentación de libro el jueves. El editor, (y amigo), pasa la noche en casa y habrá charla hasta tarde, seguro .... ¡Qué bien! Y el sábado, celebraremos la comunión de Lucía .... Tantas cosas... que, recordando tiempos en que yo era una mujer eficiente y organizada (¿te acuerdas de aquella persona que fui, sister 4?) tengo que tirar de agenda, y apunto, hago y rehago listas y me construyo un muro temporal hecho de pequeños ladrillos-proyectos que no me deje ver mas allá del domingo .....

1 de mayo

De lo mas completo el diíta, si señor. Y comida accidentada. Con los amigos llegando, la paellera se rebela y se retuerce como poseída ....y tengo que salir corriendo a casa de mi madre a por otra ....Con el retraso, duran los aperitivos hasta las 3 y media y la sobremesa hasta las 6 ..... Lo paso en grande. Y ofrecer gambitas de Huelva a madrileños con el corazón partío por Ayamonte funciona. A la siete y media, la cocina vuelve a relucir ... Yo, cansada y feliz, apoyo la cabeza en el sofá y .... rinnnnngggggg......- Sister 5 (tanteando): ¿Os podeis quedar con Irene ?. -El Chufo (entusiasmado) : Por supuesssssto .. _Yo (en modo Zen)---OMMMMMM !!!!

2 de mayo

Un inoportunísimo tirón (no de orejas, sino de espalda) me tiene hoy en reposo. Intento no agobiarme, sin éxito, y reparto tareas en directo y por teléfono. La red familiar se pone en marcha y todos los planes de hoy se cumplen sin necesidad de mi presencia. Y el día llega a su término y me deja dos conclusiones: 1ª: Ni yo ni nadie somos imprescindibles y 2ª: No es nada sano para la espalda practicar levantamiento de peso con una niña de 15 kilos.

6 de mayo

Llevo noches sin escribir, y se me acumulan los temas. Pero ya saltaré atras en el tiempo y me pondré al día. Ahora lo que me apetece es escribir justo esto: Mi madre, adicta de toda la vida al mismo gel de baño, compra frascos de tres en tres y nos lo reparte. Y esta mañana, al ducharme, ese olor familiar y querido me acerca a ella y a su casa. Y yo, a mis 50 y algo, entre los vapores del agua y el inconfundible olor de su gel, me siento tan segura y protegida como lo estoy a su lado. Y me paso una hora cantiñeando la antiquísima publicidad del producto ¡¡¡Moussel, un producto Legrain ...Paaaaríiiiisss !!!! Feliz día a todas las madres...

7 de mayo

Sorpresas te da la vida, ya lo dice la canción. Entro en el Banco de sangre del Sagrado Corazón de Sevilla para unas pruebas médicas. Disfruto/padezco de un grupo sanguíneo pelín raro .....y como la que reserva 2 entradas para el cine, reservo 2 unidades para un asuntillo que me ocupa ahora. Se que la cosa da un poco de yuyu, y con esa impresión entro .....Y mientras espero mi turno miro alrededor buscando caras conocidas y, nada de nada ....ni veo al Conde Drácula ni siquiera a los niñatos de Crepúsculo .....¡¡¡¡Que poco glamour !!!

8 de mayo

¿Habéis oído la expresión "acordarse de Santa Bárbara solo cuando truena"? Mi abuela Rita la decía mucho y hoy la hago mía ..... Me encomiendo a todos los santos, gurús, santones y deidades varias, por lo que pueda pasar

.... Y dejo para el final otra expresión, taurina y esperanzada que dice ¡¡¡¡Qué Dios reparta suerte!!!!! Buenas noches, y hasta pronto.... ¡¡¡espero!!!!

14 de mayo

La bloguera de andar por casa que llevo dentro me pide paso y no respeta postoperatorio ni Han sido días cargados de momentos duros (para olvidar y prontito, sin compartir) y otros tan surealistas que no váis a creerlos.....esos si quiero repartirlos, por si humildemente soy capaz de haceros sonréir como yo lo he hecho con todos y cada uno de vuestros mensajes de ánimo. Y os quiero ¡¡¡¡ hala !!!! ya os lo he dicho.

15 de mayo

La relación entre mi mioma talla XXL y yo ha sido breve, pero intensa. Ahora, separados desde el día 9, me pregunto que habrá sido de él. Sobre todo, porque por la Clínica rondaba una tal Sor María que me sonaba de algo. Tal vez algún día me lo encuentre por Sevilla, enchaquetaíto y encorbataíto, de la mano de una pareja trianera, que en lugar de llamarle Mioma le dirá Miarma ....

16 de mayo

Mi gente entra y sale de casa y yo recompenso su cariño, las flores y los dulces poniendo a los más fuertotes a trabajar. El verano me ha sorprendido, como a todos, con los ropajes de invierno y aprovechando los mimos y con la excusa de mi "incapacidad transitoria", reparto tareas a cada visita .....Guardan edredones, calurosos cojines de terciopelo, inoperantes estufas y recogen hectáreas de alfombras ... Respiro tranquila sin mesas camillas a la vista y entonces ....de las profundidades de la selva familiar surge el sonido de un tam-tam: ¡¡¡¡No vayáis a visitar a la convaleciente..... Os pone a redecorar, seguro ....!!!! Para mañana .....cambio de fundas...¿quién será el agraciado\a ? ¡¡¡¡¡ Tiembla, àrbol genealògico !!!!!!

17 de mayo

Suben mis ánimos en cuanto baja el termómetro .... Hasta me río (lo que me permiten los puntos) cuando decido mirarme en el espejo de cuerpo entero con mi batamanta de estreno ....Si mi primo Tony Arcos, fotógrafo de categoría, que anda buscando modelos para su nuevo trabajo me hubiese visto, ... Despeluchada, pálida, (relativamente) delgada, con la bata oversized hasta los tobillos y ¡¡¡¡con hombreras!!!!!!!!!!!!, el título de la foto estaba claro: "Muñeca encontrada entre los escombros de Stalingrado".......jajaja

18 de mayo

No me decido. Delante de los cubos de reciclaje de la cocina, dudo con un puñado de grapas de sutura en la mano ..... ¿A que cubo van ? ¿Con las latas metálicas? ¿Al de los residuos orgánicos (llevan mi A.D.N.)? Y me apena que acaben en tan deshonroso lugar, con el cariño que les he tomado en estos diez días. Las guardo. Y por Thor y por Odín, prometo que este verano, en la orilla de la playa, les prepararé un mini-funeral vikingo, con su barca de media cáscara de nuez y una gasa hidrófila por vela .... y mar adentro, al Walhalla de los puntos y las grapas......

19 de mayo

Pasa otro dìa mas de esta convalecencia ..... Entre visitas (¡¡¡gracias!!!!) de la tarde y experimentos florales de la mañana, ha volado .... Monto y desmonto ramos de colores, olores y sabores y hasta el segundo y prudente elfo domèstico protesta de las ordenes: ¡¡¡Baja el jarròn grande, guarda el cuenco verde, trae la jarra de cristal.....!!!! Identifico los momentos que han pasado con las flores que llegaron ese dìa y cambio malos recuerdos y fantasmas por orquìdeas, calas, rosas astromelias y hoy, por fin, siemprevivas.... ¡que lecciòn de humildad, belleza y perfecciòn!...... Gracias a la vida, también, por las flores.

21 de mayo

El viento, enemigo de los convalecientes y de las defensas bajas, no me deja salir ..... Ya debería, según el médico y mi reloj interno de culoinquieto, andar por la calle, y no echar mano del ciberespacio ni de las visitas para cotillear y presumir del número de puntos y esas cosas morbosas que hacemos los operados...... Pero el Poniente no para de soplar y me monto un circuito de punta a punta de la casa, piso abajo, piso arriba, y lo recorro como una rata de laboratorio una, dos, treinta veces....... A la seis, como una Mary Poppins con poderío, cambiando el paraguas negro por una maceta de hortensias casi tan grande como ella, aparece Alicia, traída por el viento desde lo alto de la Villa..... y me alegra la tarde ..... Gracias, amiga.

23 de mayo

Un helado de moras .... eso es lo que me he merecido esta tarde .... Por salir a caminar sin hacerle caso a los tirones ni a los pinchazos, y además, disfrutar del paseo, despacito, renqueando ..... con pasito corto y mirada al frente.........Ese helado por la calle me ha sabido a gloria .... Y puede ser el principio de un nuevo estilo de vida para mí, en el que salga a pasear al centro con zapatillas, unas mallas del Decathlón y sin mirarme de reojo en los escaparates....jajajajaj. ¡Que inmersión en la realidad...........!!!! En estos días, con tantas malas noticias en el pueblo, un simple y dulce helado y por un momento, vuelvo a ser feliz......

24 de mayo

Ando yo, el Chufo anda, andamos en pareja-deparejada..... El, a paso de tambor, yo, con la elegancia de una carreta de bueyes.........Pero recuperamos esta tarde nuestro pequeño trozo de paraíso y no hay arena, gaviota ni ola en Isla Canela que no nos dé la bienvenida.........15 faltas de asistencia seguidas a nuestra escuela de calor y vida, y pasamos lista a los cambios : se ensancha la playa por un lado, el laguito donde se bañaba Paula se ha secado, y salen sin llamarlas las coquinas a los pies de sister 2, la afortunada canelera perenne "qui passe sa vie en vacances" como decía G. Brassens.....

25 de mayo

Hay sustantivos que atraen a sus propios adjetivos y forman armoniosas y descriptivas parejas .... Narices romanas, perfiles griegos, ojos moros. Hoy añado una mas: Piernas maoríes ..... Si, no se encuentran a menudo, pero soy desde esta mañana la afortunada poseedora de un par. En una paleta de tonos que va desde el color tierra de las rodillas, pasando por el ocre de los tobillos, y el "animal-print"en los talones, hasta el naranja de los dedos de los pies. ¿Qué como he conseguido este prodigio de la policromía? ¡Muy fácil: con el autobronceador del Mercadona, a ser posible con fecha de caducidad de 2010.... !!! .

26 de mayo

Paranoia geográfica .... Mis escasos conocimientos del actual mapa de Europa flojean mientras veo de reojo Eurovisión...... Países que ni me suenan, cubanos que representan a paises del este, una medio congoleña que canta en danés (o algo así)...unas matriuskas rusas con la cara de cemento armado............Creo que gana una sueca con pinta de ser de Coimbra ....Los griegos, en consonancia con su estado económico, llevan una especie de harapos de diseño, como para dar penita a Frau Merkel.... ¡¡¡Ay, Señor!!! ¡¡¡esto de la globalización me pilla mayor !!!!!

27 de mayo

Las mujeres son recolectoras, los hombres cazadores. Nosotras somos de Venus, vosotros de Marte ¡¡¡¡¡AGGGGGGGGGGG!!!!!!! ¡¡¡Cuánta pamplina !!! Que manía de etiquetar lo que es personal e intransferible en cada ser humano..... Esta mañana, con los primeros agujeros de longuerones en la orilla, se me activa el chip Cromagnona y busco como perro de presa alguien que me preste un puñadito de sal. Pesco-cazo una docena de ellos, para calmar el instinto básico.... y se los doy a una asombrada pareja de guiris. ¿Recolectora? ¿De Venus? Já ....!!!!!! Mariscadora canelera, eso es lo que soy ....digan lo que digan....digan lo que diiiiigan......(Darwin y)....los demáaaas........jajajajaja

28 de mayo

Practico la memoria como forma de imaginación y en un salto de longitud en el tiempo, me planto en mitad de junio .... Y pienso en el verano que se acerca, en fuerza y agilidad recuperada y en planes que se han pospuesto ..... Pero noto como me ilumina la luz con la que él me mira y decido que no quiero perder ni un minuto de este periodo de nuestras vidas ...julio, agosto, llegarán por sus propios pasos y me habrán regalado la experiencia de una convalecencia para dos.

29 de mayo

De como poco a poco vamos perdiendo las formas en esta familia. En el aparcamiento del Carrefour, respondiendo a un ataque agudo de hambre, uno que no nombro abre las bolsas de la compra, se prepara un bocadillo, cortando el pan a lo cafre ...y se lo toma allí de pié.. Primero, siento corte, después risa y al final envidia ....Y para ponerme en consonancia con el momento-bajuno, me meto en el coche, bajo la ventanilla y pongo Radio Olé a toda pastilla....... Y entonces me acuerdo de que hay cámaras de seguridad en el parking ....Glub ¡¡¡¡¡qué verguenza!!!!!!!

31 de mayo

Una "garganta -profunda" me sopla sobre una tienda de electrodomésticos que liquida todo al cincuenta por ciento ....Y allí que me dirijo para enredar un poco, sin necesitar realmente nada. Y me encuentro en la puerta con una cola que me hace pensar si no me habré metido en el I.N.E.M. Pasamos a cuentagotas y dentro....... estanterias vacias, gente arramblando con los inventos del TBO .... Pero me contagio, y me tiro en plancha sobre un artilugio, mezcla del robot enano de la Guerra de las Galaxias y el casco de Fernando Alonso...... Le doy 7 vueltas y averiguo que es un exprime-naranjas de última generación, que hasta te trae las naranjas desde Valencia..... Una pasada. Un chollo. Tan sofisticado resulta que paso de usarlo y para darle un toque moderno y tecnològico a mi casa, lo pongo encima de la tele, con la gitana y el torito .....

1 de junio

¡Qué bien empiezo el mes! Paseo mañanero con sister dos, que me carga las pilas positivas y tarde en La Laguna. Ya me siento con ganas de socializar (lo que antes llamabamos "alcahuetear"), así que me subo a los tacones ¡¡¡por fin!!!!!!!! y me voy a una cita con un sueño . El de Dadá, joven y emprendedora, que en estos tiempos inciertos, abre un taller de juegos, crea tres puestos de trabajo y, además, se lo pasa bomba en la inauguración. Yo tambièn, pero lo tenia fácil : Laguna, mas muchos niños alrededor, mas reencuentros, mas un rato de alterne ......igual a sonrisa de buzón ..... Esa es la suma

.....En la resta, un número de menos en los zapatos nuevos....... ¡qué dolor ! .....Suerte, Dadá.

2 de junio

Despuès de meses .....por fin música en directo Vamos al Cardenio, a escuchar a la Orquestra do Algarve ...... Con mitad de público, nos corresponde un músico por cada tres espectadores.......... Yo tengo claro a quién me traería. Al exquisito acordeonista que nos pone en pié interpretando "Las cuatro estaciones porteñas" de Astor Piazzolla. El Chufo, para evitarme desesperantes búsquedas en el Spotyfive, me regala el C.D. y, a la hora y media de llegar a casa, ya se arrepiente.....Sin vecinos y sin niños en casa, el sonido del bandoneón ocupa mi salòn, sale por los balcones y sube, sube, hasta un cielo que se ha vuelto tanguista y arrabalero .... Buenas noches desde mi Buenos Aires particular.

3 de junio

¡Qué rápido pasa este domingo playero y relajado! Un refresco y unas risas con Juanma y Lola, unas tapitas en la playa ...... Y ese tiempo que vuela se hace relámpago si Ana, mi futura sobrina, me cuenta su semana. En el hospital, acompañando a su madre, ha contado hora tras hora, minuto tras minuto, en una cadena de momentos largos, tediosos, inmóviles. !!!Qué diferentes percepciones tenemos del tiempo! Esas interminables horas de infelicidad se convierten en fugaces segundos si la vida nos mira a los ojos y nos sonríe ..... ¡¡¡¡Que tengáis una semana de Fórmula 1 !!!!

5 de junio

(Por la tarde). Contenta. Revisión médica en Sevilla. Todo bien. Vida normal. (Por la mañana). Contentísima .....Nos pesamos los cuatro, sin trampa ni cartón. Y por 1ª vez en la historia de la familia .... ¡¡¡¡¡¡¡¡¡¡¡soy la que menos pesa!!!!!!! oé oé oé oé..............(quién no se consuela ....pero no os recomiendo el método, duele tela, jajajajaja)

6 de junio

Decididamente, la cirugía me ha afectado el sentido común. Llevo un par de meses pensando en cambiar de coche..... Ya me tocaba y mi idea era sustituir el de ahora por algo parecido: 2ª mano, práctico, manejable, pequeñito..... Y en media hora, (animada por el Chufo y mis vecinos de la Renault), cambio de chip, y, pensando que la vida es como es, me dejo convencer y, si, 2ª mano, pero ni práctico, ni manejable ni pequeñito....... Mis hijos alucinan cuando se lo digo (sobre todo el que va a ser socio capitalista) .... Y yo pienso: !¿Qué pasa ? Si me casé a los 9 meses de conocer al novio... media hora para elegir un coche ya me parece mucho. Y lo que me voy a ahorrar en secador de pelo ¿eso no cuenta?

7 de junio

Se acerca el momento .... y tiene tanto de sueño como de pesadilla . De repente me pregunto ¿Qué voy a hacer con mi pie izquierdo? Y no es que lo vaya a donar a la ciencia, que demasiados órganos he perdido ya en un mes..... Es que no tengo muy claro, si después de mi lucha por aprender a conducir a los cuarenta, seré capaz de reaprender a hacerlo sin embrague... Casi mejor lo aplazo para el lunes........ este finde vienen las niñas y van a ser demasiadas emociones: dos madrileñas hambrientas de playa y una loca al volante de un coche que ha sufrido una ablación de pedal....

9 de junio

Prueba superada. Ya pasó el momento "oh ¿dónde está el embrague?, y solita y con tanto miedo como una canasta de gatitos, voy y vuelvo a la playa con el coche nuevo (bueno, nuevo para mí, que es de second hand, ¿eh?). Hace un mes, justo desde la operación, que no conduzco y me tiemblan las piernas al reiniciar mi "carrera automovilística" (ponte las pilas, Fernando Alonso), en un coche automático. Y hago algo que me apetecía desde hace tiempo. Al cruzar el puente de Canela, con el viento en la cara, suelto un hipogrito huracanado, que me deja ronca y relajada y que es un grito de alegría por haber dejado atrás unas semanas ¡¡¡¡de pie izquierdo !!!!!

10 de junio

En una misma tarde, empato, pierdo y gano ..... Empato, como el resto de españoles 1 a 1 con los italianos. Pierdo todo el sentido de la mesura y, durante el partido, me como un cuenco de pistachos del tamaño de Saturno, y ¡gano, gano, gano!!!!!!!!! por 1ª vez en la historia de la Roja, la porra que hacemos las sisters, brothers y allegados que vemos juntos el partido. Y me vengo pá casa 12 euritos menos pobre de lo que me fuí........... oé oé oeoéee....

12 de junio

Vuelvo a ser tìa .Y mi nueva sobrina es lombarda ....Sister
3, orgullosa de su retoño,nos enseña fotos en el mòvil y
recibe ¡ohs!!! y ¡ahsss!!! de admiraciòn ante esa cosita
redonda y rosa fuerte. En pocos dìas estarà comestible y
sus padres daràn buena cuenta de ella... Suena raro ....voy
a explicarme ....El nuevo y efìmero miembro de la familia
no viene de Lombardia, sino que es la primera,
espléndida y morada col del huerto terracero de la sister
.....y me mira desde la pantalla de la Blackberry y me dice:
¡¡¡Còmeme, tita Cinta¡¡¡¡¡

13 de junio

Destemplada y temblando....Asì vuelvo esta tarde de
pasear por la orilla,que un viento helado llena de algas y
medusas ... Siguiendo la ola-de-hipocondrìa que me
invade, tapada con un edredòn, hasta me pongo el
termòmetro....El Chufo vota por ir a Urgencias ...yo
...por zapear en la tele . Y despuès de un capìtulo del
borde Doctor House y sus diagnòsticos infernales ....se
me quitan todos los sìntomas ....por si acaso lo han
destinado al Ambulatorio de Ayamonte......jajaja.

15 de junio

Una extraña calma me posee esta tarde-noche ......espero
que no sea la que antecede a la tempestad ....Ni siquiera
las luces de la terraza, que han resultado ser
intermitentes, me alteran ...Después de colocarlas,
rebosante de sol el cargador solar, en cuanto cae la tarde
empiezan un parpadeo-guiño no apto para epilépticos....
No ponía, que yo recuerde, en la caja, ningún aviso de

esa indecisión. Mi intención, al salir del Carrefour, fue traerme a casa 10 pequeñas lunas llenas que alumbraran la penumbra, y por el mismo precio me traigo también 10 eclipses totales ......

17 de junio

¡¡¡¡Qué maravilloso concierto de guitarra oímos anoche !!! Marcelo Palanco, valverdeño virtuoso, nos ofrece un doble programa, clásico y flamenco, que nos encanta ...Es lo que tiene ser músico de formación clásica y alma, sangre y padre cantaor flamenco .... Ah, seguro que lo sabéis, pero anoche descubrí que la mítica música de "Mi barba tiene tres pelos, tres pelos, tiene mi barba" no es obra de "Los Payasos de la Tele". Es el "Carnaval de Venecia" de Paganini ...Y a mí, analfabeta musical, me da la risa tonta cuando, entre los maravillosos arpegios de la guitarra, reconozco una melodía que he cantado a mis hijos cientos de veces ....jajajaja...

19 de junio

Cumplo hoy la cuarentena de la operación, y retomo una de las cosas que mas he echado de menos: SIIII ¡¡¡¡¡LA BICI!!!!!!!!!!!!!! Desde casa hasta la Punta del Moral, por el paseo marítimo, a trozos casi por la orilla..... A la mitad del recorrido me cruzo con una señora de mi edad, mas o menos. (Sí, algunas hemos sobrevivido ....jajaja). Y por un momento, un pequeño guiño de complicidad y una sonrisa entre las dos. Yo, despacito, vigilada de cerca por el Chufo, y ella, orgullosa, estrenando, seguramente, una bici flamante ¡¡¡con sus rueditas de niño!!! Esa es la actitud ¡¡¡¡¡Viva la gente sin complejos!!!! ...Esta señora es, sin cuartos ni semifinales, una campeona de Europa ....

21 de junio

Acaba hoy una primavera que hemos vivido en casa intensa y no siempre felizmente......... Pero tal vez por esas circunstancias, decido recibir este verano como un maravilloso regalo que la vida me concede ....Además, acabo de leer que todos los días se extinguen una media de ¡¡64 especies!! y eso, además de un poco espeluznante, me parece una buena razón, aunque no la única, para coger de la mano a alguien .

22 de junio

Rumbo: Trigueros. Tato Olivas, fotógrafo magnífico y cuñado n°1, expone un bello y terrible trabajo: El nombre, "En la puta calle" ya te prepara, pero esas miradas, ay, esas miradas..... Y en esas caras, enfermas, tristes, tocando fondo, una dignidad que te hace un nudo en la garganta...El sitio, un centro cultural de iniciativa privada, "Harina de otro costal" un antiguo molino de trigo que sus dueños, los Seisdedos, han restaurado maravillosamente, y al que van añadiendo casitas y huertas vecinas .... Para bajar el nudo, comemos en el restaurante del mismo centro un taboulé riquísimo bajo los jazmines y por un momento, creo que el Chufo ha roto su promesa de no salir de la Península Ibérica y me ha llevado, por fin a Essauira ....

23 de junio

¡¡¡Qué gloriosa noche!!!! Toca sede de Eurocopa en casa de sister 4, que nos prepara un escenario con vudú anti-francés (deportivamente hablando, que en casa somos bastante francófilos todos, ¿eh?) y un catering rico, rico..... Asterix y Obelix, colgados por los pies encima del televisor y un gallo con pinzas de la ropa bien apretás ...y ¡¡¡Ganamos!!!!. Au revoir, la France!!!. Salimos justo a tiempo para ver arder la tremenda hoguera del muelle de la Villa ... Y justo arriba de la falla, al lado de una bruja de cartón, veo una silla preciosa, que se merece un mejor final que arder ...Pero el Chufo no me deja rescatarla, por miedo a que sea yo la que arda, como una Juana de Arco locatis ... O una Jeanne D´Arc, que era, también, francesa. jijijijijijijijijijiji. (Comme je suis mèchante..!!!)

25 de junio

Ayer, "Sobritas-day"...Es así como mi familia llama a la comida o cena que nos apañamos con los restos de cena o comida multitudinaria del día anterior ...Y en la del domingo, cayeron los despojos del catering del España - Francia ..... En plena arenga, el cuñado nº2, buscando complicidad con el resto de cuñados, hace una pregunta retórica: ¿Pero vosotros sabéis lo que es estar casado con una sabihonda? Carcajada general, y asentimiento general también...... Si lo hicieron para picarnos, fracaso total .... Nos encanta la palabra, antigua y sonora, y la acogemos como nombramiento honorífico ...este verano seremos "LAS SABIHONDAS SISTERS".... Es más.... Hemos fundado un club, y admitimos socias, a petición propia o de maridos o cuñados.... jajajajaja...

28 de junio

Finales de junio, comienzos de la marea verde...... Un
manto de algas cubre la orilla y caminar es una mezcla de
patinaje y slalom sobre una brillante y olorosa pradera.
Me paro en el centro, hundida en verde hasta los tobillos,
aspiro fuerte y como cada año, en cada primera invasión,
digo lo mismo: ¡¡¡Ah ...ese olor!!!!! Ese, y el de la brea, y el
del guano, fueron los olores de mi infancia, no aptos para
pituitarias sensibles. Para el Chufo, crecido a los pies de
la Sierra de Mariola, el aroma de los pinos, la carrasca y el
timonet, mas la pólvora de las fiestas de Alcoy, todavía
ocupa su memoria olfativa y no le deja abandonarse a
este pequeño placer ayamontino de respirar algas medio
podridas y sentirse en el cielo de la infancia.

30 de junio

Planto ayer dos bignonias en la terraza, con vistas a que,
al crecer, se enlacen y formen un marco alrededor de la
puerta. Tierra negra y olorosa, abono por un tubo y agua
a manta, todo para poner en marcha el Plan A. Cada dos
horas, salgo a vigilar los progresos, y no sigo saliendo
porque el jardinero consorte me esconde la cinta métrica
....Y llamadme impaciente ....pero ahí están, las muy
desagradecidas, sin crecer, enlazarse ni enmarcar nada ....
Y entonces paso al Plan B: les leo el cuento de "Juanito y
las Habichuelas Mágicas", para que se motiven... jajajajaja

2 de julio

Hay pocas cosas que favorezcan mas la reflexión, por lo
menos la mía, que fregar (no, no tengo lavaplatos aquí).
Me enfrento a la pila de platos y pongo el pensamiento a

funcionar. Y pienso en la inmensa suerte de haber vivido anoche, en la mejor de las compañías posibles, y reunidos 8 de los 9 hermanos (te echamos de menos, sister 5), una ocasión de alegría, con la que está cayendo....Y en lo alucinado que hubiera estado mi padre al escuchar a sus hijos (y sobre todo a sus hijas) proponer tácticas, aconsejar juego aéreo, tikitaka y falsos 9 sin tener la mas mínima idea.....Termino de fregar, me quito los guantes de goma ......y me dan ganas de tirárselos a los aficionados, como haría Casillas.......... jajajajaja

3 de junio

Tarde de rebajas. Sister 4 y yo empezamos al galope, después al trote y finalmente al paso de dos niñas de 16 y 18 años y piernas kilométricas ... ¡¡Estoy agotada!!! Con lo que yo he sido, incansable perro de presa tras la pista del color exacto, el complemento perfecto y los estilismos imposibles. Hoy, lo mas rebajado que encuentro es mi interés por las cosas que pueden comprarse con dinero .... Lo otro, una tarde de chicas con mujeres de mi tribu, eso ... ¡¡¡ no tiene precio !!!!

4 de julio

Un vigilante en cada pasarela de entrada a la playa, cada uno con una báscula, un metro y una calculadora (solar, claro). Un rápido test y, para todos los que tengan el Índice de Masa Corporal que recomienda la Organización Mundial de la Salud, una bandera azul, que podrán poner en su sombrilla respectiva. La excelencia de cada playa no vendrá dada por el agua, la arena o los servicios, sino por los visitantes en su peso ....Y todos los

gorditos (docenas) y los flacos, flacos (4 o 5) de Isla
Canela, nos haremos señas y diremos: ¡¡¡¡¡Hoy he visto 3
banderas azules!!! ¡¡¡Qué nivel!!!! ¿A que es una gran idea?
Pues se me ha ocurrido ....¡¡¡fregando!!!

6 de julio

Cae la noche y el Chufo y yo comenzamos el safari. Sin
salir de casa y usando todas las armas a nuestro alcance.
Primero utilizamos remedios naturales (hojas de laurel) y
después pasamos a la guerra química (sprays y
repelentes). Y todo contra unos diminutos y persistentes
bichitos que cada atardecer toman el techo del
dormitorio de Andrés y convierten la casa en un
Serenguetti en miniatura. Al tercer día, me doy por
vencida, desalojo al niño del cuarto y le pongo nombre a
cada bicho ..... ¡¡¡El roce hace el cariño, dicen!!

7 de julio

¡¡¡San Fermín!!! (Lo sabía, no me he podido resistir a
ponerlo). Empieza la cuenta atrás para el desahucio de la
bignonia rebelde. Hace caso omiso de mis cuidados,
abonos y riegos diarios y sigue luciendo raquítica y
deshojada. Sin embargo su socia, la bignonia nº2, crece,
florece y todo se lo merece (hoy me salen las rimas al
puñao). Así que me temo que esa desagradecida va a
dejar pronto su sitio a un nuevo fichaje vegetal más
receptivo. En esta casa no hay sitio para los perezosos
!!!!Ya lo ocupo todo yo!!!!!

8 de julio

A veces me pregunto si la evolución de las ideas marcha al mismo ritmo en mi casa que en el espacio exterior. Adaptamos las nuevas tecnologías en nuestro día a día, y esto es un nido de cables, cargadores, discos duros y chirimbolos ....pero.... ¡¡¡qué trabajo me cuesta aceptar que los tiempos nos traen un nuevo modelo de familia!!!.... Este fin de semana, solos, con los hijos lejos, el Chufo y yo pasamos de la tranquilidad al aburrimiento, de la despreocupación a la nostalgia y yo acabo deseando que llegue el lunes y abran el Mercadona ....o suene el teléfono y me ofrezcan un A.D.S.L sudamericano....

9 de julio

A falta de temperatura apropiada para baños y arena, pesca del longuerón y labores propias del verano, leo, leo, leo. Soy una mujer a un e-book pegada, una boa constrictor que engulle novela gótica, novela histórica y todo lo que la memoria del libro almacena. La del libro, porque la mía es como un colador, un agujero negro donde desaparecen sin dejar rastro las obras ..... ¡¡¡¡Leo a tanta velocidad y tan poca profundidad que mezclo argumentos, personajes y autores!!! Y esta mañana, a la sombra de los pinos (como Mª del Monte), salgo de una mansión victoriana (Las horas distantes, Kate Morton, recomendable) y sin descompresión me embarco hacia Brasil con Pedro de Braganza (El imperio eres tú, Javier Moro), y subo a casa con los pies helados..... ¡¡Verano ártico, que le llaman!!!!

11 de julio

No deja de sorprenderme, pero lo tomo como viene ....
Ayer, en el taller, el mecánico explica algunas de las
particularidades del coche que recogemos, tras revisarlo .
Sabe de sobra que es MI coche, lo voy a conducir YO y
las instrucciones deberían estar dirigidas a MI.... Pues ni
flores. Se dirige al Chufo, le explica directamente a él y
finalmente le pone las llaves en su mano. Los expertos,
por sistema, se impacientan cuando los legos nos
mostramos torpes de entendederas....... pero no me ha
dado ni opción a demostrarle mi ignorancia mecánica .....
¡¡¡¡O este hombre es un talibán o su experiencia con las
rubias ha sido traumática.....!!!!!

13 de julio

Escribo desde el conocimiento que me da haber sido uno
de los primeros habitantes de la playa de Isla Canela.
Desde hace 45 años, paso aquí los veranos y me
considero experta en mareas, vientos, medusas y limos
caneleros .... Y he vivido pocos julios como este ....No
para el viento, se congelan los peces y las terrazas son
lugares no recomendados. Pero esta tarde, a las 8, ha
llegado Paula, nuestra niña de verano, y aunque el
Poniente siga soplando furioso, en las próximas tres
semanas no podrá borrarme la sonrisa. Y se activa el
mecanismo que hace girar mi pequeño planeta ....

18 de julio

¡¡¡Llevo días sin añadir nada a este pequeño diario ...y no
porque no haya novedades, que las hay ... Hace tres días
con sus noches que Paula ocupa nuestro pequeño

mundo de adultos y ya nos estamos acostumbrando a funcionar a base de órdenes dadas con voz de pito .... Es toda una aventura tenerla en casa. Todo lo llena con sus cosas (la invasión rosa nos ahoga) y pasamos con sus ocurrencias de la risa al asombro. Bilingüe por ahora, cada vez el acento ayamontino oculta mas su madrileña charla y tiene ya preparado desde anoche el modelete (rosa chicle, of course) que va a llevar hoy a casa de Lola .... ¡¡¡Que digo yo que eso debe ser genético, ¿no?!!!

19 *de julio*

El Chufo, harto de subir y bajar cargado el tramo de escaleras con la bici de Paulita, le trae hoy del Decatlhón una cadena pitón diminuta, a juego con la dueña. Al segundo intento, abre y cierra sola el candado y amarra la pink-bici a la reja ..... Y mira extasiada el resultado y nos dice" ¡¡¡¡Y con MISS PROPIASSSSS LLAVESSSSS!!!! Jose y yo todavía nos estamos riendo...........jejejejeje

20 *de julio*

A lo mas alto del pueblo, el Parador, a ver el incendio ..... Impresiona .... Y como en tantas cosas, percepciones distintas de un mismo hecho ..... La mía, tras los cristales de las gafas negras, es la de un infierno vecino, un rayo que no cesa sobre Portugal. La de Jose, por detrás de la cámara, es la de un resplandor naranja, un terrible y a la vez bello, hipnotizante espectáculo. ¡¡¡Cuanto le gustaban a mi padre estos versos, que tanto repetía ...... "En este mundo traidor, nada es verdad ni mentira, todo es del mismo color del cristal con que se mira". ... Forza, Portugal !!!!

6 de agosto

A tres días de la marcha del "Huracán Paula", terminan los trabajos de reconstrución de mi asolada casa .... Se marchan los albañiles, pintores y el camión del tapicero (que ha llegado a mi localidad, jajaja) se lleva todos los sofás, las sillas y los cojines. Cuando recogen la última cubeta de migas de pan, papelitos recortados y coleteros olvidados, el Chufo y yo nos sentamos en el suelo, y casi llorando, llamamos a sister 5 para que nos la devuelva .... Y es que acabamos de descubrir que una casa sin churretes de mantequilla en la puerta del frigo no es un verdadero hogar .....jajajajaj

7 de agosto

Citius, altior, fortior. El lema de las Olimpiadas llega hasta aquí, con algunos matices propiciados por la diferencia geográfica entre Londres e Isla Canela .Así, el tiempo cronológico corre "citius", más rápido, y ha volado medio verano mientras "altior" han crecido las bignonias que planté en junio,dejándome una lección de supervivencia. Y "fortior", mas fuerte que nunca se instala en mí la sensación de que la vida se erosiona a fuerza de repetirse y que esta etapa, con mas luces que sombras, irá directa al disco duro de los veranos para recordar.

11 de agosto

Curiosa forma de actuar de nuestra isla sobre los forasteros. Vienen pálidos y estresados y, a la semana, están morenos y (algunos) siguen estresados ...Observo malos modos y gestos crispados entre conductores, en el carril bici, en la playa..... En estos tiempos, en que la agresividad verbal parece un valor, hay quien piensa que la educación es una muestra de "afectación".Los buenos modales evitan fricciones y suavizan la vida .... Suena antiguo, pero probadlo .. Y, para los que no se relajen ni en Isla Canela, otro consejo: El verano próximo, reservad alojamiento en un monasterio budista en el Tíbet (he oido que Shangri La mola mazo)....jajajajaj ...

14 de agosto

Estoy intrigada, y mucho. La curiosidad me puede ... y me encantaría conocer al antiguo dueño de mi coche..... Solo sé de él que es irlandés y vive en el campo de golf. Me cuesta creer que alguien que (según la distancia que gastaba entre el asiento y el volante) debe medir 2 metros y 80 cms.) haya sido capaz de pasear ese trailer por el horroroso tráfico agosteño de Ayamonte durante 5 años, sin hacerle el más mínimo rasguño. Yo, y no es por presumir, en 14 dáas de agosto, ya le he dado 2 cosquis...... Por si acaso, paso de San Cristóbal y me cambio a San Patricio ... .jajajajaj

16 de agosto

Cal, buganvillas, rejas .... y todos los tópicos, pero ¡¡¡qué sitio !!!!!!! y en una noche como esta, el lugar perfecto para oir un precioso concierto. Albéniz, Sarasate, y Falla, con las palabras de Lorca. A la vuelta a Canela, aprovechando que voy sola, con nocturnidad y alevosía, le dedico a la luna de agosto mi particular versión de "Los cuatro muleros", que mi madre nos cantaba y que el brother nº 3 y yo hemos tarareado bajito, haciendo coros a la soprano, esta noche en el patio de la Jabonería .

21 de agosto

De Valverde a Alosno, de Almonaster a Encinasola, del Cerro a Huelva capital..... !!!!!Que vuelta nos hemos dado por la provincia, sin levantarnos de la silla del Patio de la Jabonería, en esta cálida noche del Fandango. Nos acompaña mi madre, que a pesar de su italiano apellido, es choquera hasta la médula y aprendió a amarlo desde pequeña. Hemos nombrado varias veces al abuelo Toscano, que vivió parte de su larga y feliz vida en la sierra de Huelva, y que fué sabio degustador de jamón, fino y fandangos, y amigo y mecenas de fandangueros... Y cuando la cantaora se arranca "a la manera de Antonio Toscazo", brother 3, sister 4, mamá y yo miramos al cielo lleno de estrellas de la Jabonería y nos sale un ¡¡Olé!!! a cuatro voces, como un fandango cané, desde el fondo de nuestros orígenes choqueros.

23 de agosto

Todo preparado para la travesía a nado del río Guadiana. Sister 4 se concentra yendo de fiesta ayer hasta las 6 de la mañana y Alfredo, cuñado n° 5, durmiendo la siesta en la arena húmeda, algo totalmente recomendable para los músculos. Con los nadadores en forma, la parte artística de la familia lo da todo en su parcela. El Chufo, prepara una! dos! tres! cámaras con sus correspondientes objetivos, que en caso de volcar la lancha desde donde fotografiará (Dios no lo quiera), le garantizan un rápido descenso al fondo del Guadiana y yo, desde mi humilde papel como directora de la Coral de las animadoras (sister 5, 4 sobrinas y yo), preparo unos inspirados cánticos de ánimo ....¡¡¡Ese/a Alfred /Pachu como mola, se merece una ola!!! ....(en clara alusión al tema náutico .....jijijijiji)

1 de septiembre

Sister 3 nos organiza una visita a una finca vinícola que despega en Villablanca. Simona, la dueña, vino desde Suiza y ha convertido 7 hec. de arcilla y piedras en un proyecto que dará que hablar . Por lo pronto, a las sisters 1, 4, allegados y a mí nos ha hecho pasar una mañana estupenda .... Nosotras, que nos criamos entre conservas artesanales de pescado, escuchamos palabras como cepa, pago, Syrac, Cabernet-Sauvignon ...... y sin entender, reconocemos el proceso de un sueño que va desde las uvas que comemos allí hasta los vinos que probamos en la bodega. ¡¡¡Y como nos atienden!!! ¡¡¡Qué pasión cuando tu trabajo es tu vida!!! La bodega se llama Delea A Marca, por cierto ...Y ahora, con el traje amarillo de Paula entre las manos y una via láctea de manchas (polvo, barro, uvas) dudo, y no sé si meterlo en lejía o enmarcarlo para recordar este primer de día de septiembre que empieza entre barricas de roble. ¡¡¡A vuestra salud !!

2 de septiembre

Hace siete horas que la república vuelve a instaurarse en mi casa. Por segunda vez este verano, Paula vuelve con sus papis y se lleva la monarquía absolutista que llegó con ella. Cierro su maleta de Mickey Mouse y me reservo para mí tantos momentos de risas, canciones y cuentos que me durarán todo este invierno .... Tres años, la sabiduría del Maestro Yoda, la obstinación de la mula Francis, y una capacidad de aprendizaje que va desde manejar todo bicho con procesador que cae en sus manos, a explicar "científicamente" que es la levadura o por qué Yasmine y Aladdin son lo más..... y Pinocho un rollo ... Cuanto me ha enseñado y ¡¡¡¡¡¡qué tranquila me he quedado hoy !!!!! jajajajaja.

3 de septiembre

Van los vecinos cerrando persianas, recogiendo muebles y plegando sombrillas. La urbanización empieza a recuperar la calma y cada día de septiembre que pasa suenan menos voces de niños y mas cantos de pájaros. El césped, sin el patchwork de toallas y tumbonas, vuelve a ser una alfombra de verdes, y los olores del jazmín y la madreselva regresan con un último impulso a inundarnos. Sé que fuera el mundo es (y está) complicado, pero este jardín en septiembre me procura una sensación de simplicidad y calma que no experimento en muchos sitios.....

4 de septiembre

Palco de lujo, la terraza de Dulce y Emilio ...... Desde allí, con fiestón y concurso de tortillas incluido, vemos llegar las bandas de música portuguesas. ¡¡¡¡cuánto me gusta ese acto!!!! El Chufo, que es de baile escaso, me concede el 1º y único pasodoble que bailará en las Fiestas!!! Llamadme cateta, pero me río yo del regguetón y otros inventos....Pasan los músicos, y Rodrigo, que se queda esperando los fuegos artificiales de cada uno de sus seis años de vida, mira la Laguna sin humo ni palomas aterrorizadas y nos dice: ¿Y los cohetes? !Será que no hay dinero!! La Verdad habla por boca de los niños!!! jajajajaja

5 de septiembre

Lluvia de melones sobre el carril -bici. Parece el nombre de un capítulo de Doraimon, pero juro (y añado una foto) que ha ocurrido esta tarde. "Fragoneta" amarillo chillón, puertas que se abren en mitad de la carretera y una riada de melones que inunda la calzada y el carril, explotando y salpicando como un río dulce y apetitoso .... Los causantes bajan, miran, disimulan y se piran.... Y los ciclistas bajamos, miramos, y nos partimos de la risa... Y hago con el móvil una foto al Chufo rodeado de cáscaras, pulpa y pipas y cara de sorpresa ....y se me escapa por segundos un señor mayor que nos adelanta con un melón bajo cada brazo .! Ojalá le salgan buenos, que baratos ya le han salido, porque como dice el refranero: "Casamiento y melón, ventura son" jajajajaja

6 de septiembre

Interesante charla durante la comida. Y conclusión ...... Nuestra influencia como padres no es nada comparada con el poder que ejercen las compañias y el ambiente...Y esta reflexión tan profunda (para la media de mis pensamientos) surge porque mi primogénito acude mañana a un concierto de "Extremo duro", banda que me amargó la adolescencia de mis hijos con sus berridos, sus mensajes y sus letras subiditas de tono . Eran para mí, madre protectora, el Anticristo. ... y pretendía salvaguardarlos de su "perniciosa" influencia escondiendo los discos y extraviando las espantosas camisetas... 15 años después me doy por vencida: Extremo duro 1, Madre dura 0.

7 de septiembre

Científicamente comprobado. El olor de los nardos es adictivo. Así que, siguiendo el aroma, arrastro al Chufo a la ofrenda de flores. El, hombre a una cámara pegado, calcula luces, enfoques y sonrisas y las imágenes de mis niñas vestidas de gitanas y armadas de varas de nardo tan altas como ellas quedan almacenadas en los momentos inolvidables de este verano ¡Y tengo que contenerme para no pensar que esas caritas felices van a cambiar en poco mas de 48 horas el traje de gitana por el uniforme del cole y sus arenas caneleras por la calle de Alcalá, ahora, ay, sin nardos apoyaos en la cadera.....

9 de septiembre

No hay vuelta atrás .... el verano acaba de despedirse.... Dice adiós con las manitas de Paula e Irene, agitándose desde el coche que las devuelve al asfalto, los horarios y los pies enjaulados .... Sin pisar el albero se me pasa la Feria. Y hoy, atravesando la urbanización, esquivo piñas que caen de los pinos y piso sin querer setas que en unos días de desuso han salido en el césped. Andas sobre la tierra y parece que participaras en un poderoso rito de gestación vegetal..... Son muchas las señales, y las refuerza una humedad envolvente que ahora mismo me hace cerrar el ventanal y encharca los cojines del balancín ... la vida real pide paso .....Adiós, verano ....

11 de septiembre

Estoy en modo hamster. Eso significa, en nuestro metalenguaje, que ocupo el rincón "bueno" del sofà, acumulo a mi alrededor todos los cojines que encuentro y me dispongo, como una sultana (de las que se comen, no ¿eh?, de las de los emiratos), a ver el estreno de la serie "Érase una vez". Hora y media después, emerjo del nidito. Me ha encantado el 1° capítulo. Tras haberme pasado el verano leyendo cuentos descafeinados a mi mini-okupa, esta revisión a lo bestia de Blancanieves gótica, sangrienta y vengativa me reconcilia con los mitos de mi infancia: ogros, brujas y ánimas.... Con lo que me costó desengancharme de "Perdidos", y lo pronto que he vuelto a caer ... ¿Alguien me pasa el 2° capítulo?????

12 de septiembre

El Chufo amplía su negocio de paellas caseras e inaugura hoy la división "Take Away". Sister 2, que odia el arroz tanto como sus hijos lo adoran, se niega a cocinarlo y hace bien ....¿Para qué, teniendo un valenciano en la familia? Nos manda a su niño mas grande, con un tupper aún mas grande a por unas racioncillas y envía un batido de frutas de quitarse el sombrero. La economía del trueque vuelve a Isla Canela y como en una parábola del milagro de los panes y los peces, con un pollo de corral y un par de (docenas) de puñaditos de arroz come hoy media isla.... Y con lo que ha sobrado, le mando (por DeutschePost) una tapita a la Merkel .... ¡¡Será por recortes!!!

13 de septiembre

Hoy he añadido una nueva afirmación a un antiguo dicho: la regla de que no hay ateos en las trincheras ni en la lucha contra incendios... Tampoco los hay en el asiento de detrás de un coche sin techo, a 130 por la autovía, conducido por tu propio hijo pequeño.... Llego al Carrefour con taquicardias, pelos de loca y el miedo me da tanta hambre que antes de entrar en el supermercado me paro en la tienda de animales y se me hace la boca agua delante del escaparate de los hamsters ....jajajaja.......

15 de septiembre

¡¡¡Vaya corte!!! Arrastro al Chufo a Islantilla. La excusa, una película francesa que me apetecía ver. Pero ya en la taquilla, a pesar de la información del periódico, nos dicen que el horario no es el que creíamos. Y cambio muy a mi pesar una divertida y civilizada comedie á la française por un bodrio, americano, of course, guarrete y sin gracia ninguna (sobre todo si no te va el rollo-pedorretas-eructos). Y no sé si quejarme a "El Mundo" por inventarse los horarios, o autoflagelarme por no haberme dado cuenta de los codazos que se daban las taquilleras cuando pedí: "Por favor, dos entradas para Ted".

25 de septiembre

Mi lavadora recibe una lección de Historia. Adjunto explicación. Volvemos de Cádiz, donde (como padres-Pantoja) hemos acompañado a Andrés en el Campeonato de España de Skimboard. Con la ropa sucia, entran en el tambor piedrecitas de la Caleta, de aquellas que trituraron las bombas de los fanfarrones, y en los bolsillos de los vaqueros, arena de la que pisaron los fenicios en Barbate. En mi pareo amarillo, va el ADN de una gaviota, bisnieta de las que vieron desde el aire la batalla de Trafalgar ..... Y se cuelan escondidas en el bolsillo de una camisa del Chufo, los tickets con los que subimos a la torre Tavira y flotamos en el cielo de Cádiz ..... La colada ha salido desteñida y no muy limpia ..... pero ¡¡¡¡qué repaso a la Historia!!!!!

27 de septiembre

Cuatro gotas de lluvia sobre Isla Canela, y ¡¡¡cobardelll !!! ya preparo la vuelta a nuestros cuarteles de invierno . En unos días tendrá lugar el Gran Éxodo, al que antecede siempre la Gran Limpieza y precede casi siempre el Gran Lumbago .... Desde la terraza busco sin éxito alguna casa iluminada en la urbanización.... Repaso fotos del verano y veo como hace solo 15 días, Paula e Irene, rubias y tostadas como bellas gitanitas rumanas, iluminaban nuestra vida y me obligo a recordar la canción de Eduardo Falú: "No tengo miedo al invierno, con tu recuerdo lleno de sol....."

7 de octubre

Con parada de dos dìas escasos en Ayamonte, paso de alpargatear por I. Canela a subirme a un tren-bala que me lleva pà Madrid. Tengo prometido recibimiento multitudinario en Atocha, y mas les vale a mamà, sister 5 y a Paula esperarme en el andèn cuando me baje del tren cargada como la mula de "El tesoro de Sierra

Madre"...Viajo solita y mi incapacidad de orientaciòn es una leyenda en la familia.. Oigo mùsica por los auriculares y me temo una nueva versiòn de "An Englishman in New York" de Sting, pero revisada para mì. Ni english, ni man ni N. York ... sino "A canelerawoman en Madrid".... Besossss a todosssss, como dicen aquì.

11 de octubre

Buenos días, que desde Madrid se me presentan fresquitos y radiantes... Los asuntos que me traen a la capital van progresando adecuadamente e incluso se me desvela uno de los secretos de la Villa y Corte: el que los taxistas y camareros de Madrid sean tan "agradables" no es culpa del agua del Canal de Isabel II que beben. Ha sido la "alcalda" Botella, que en un bando municipal, les prohibe sonreír a los clientes ¡Ni una propina dejo !

18 de octubre

Vuelvo a casa. Atrás dejo diez días en Madrid, donde me llevaron asuntos familiares que van resolviéndose. Comemos los cuatro juntos y surge la valoración y los pros y contras de la vida en una gran ciudad. El Chufo, que pasó sus años de estudiante allí, y Yimi, que por estudios también conoce bien la ciudad, me dan razones a favor: ambiente, gente nueva, oportunidades, tendencias... estas son opiniones compartidas .....Hay una, bastante peregrina, pero respetable que solo defiende Jose ... ¡¡¡Los bocadillos de calamares de la Plaza mayor ....Sí, lo admito. Son sólidas razones que pueden paliar el tráfico, los precios o el estrés. Pero Andrés y yo, fans de "La Voz", nos marcamos un dueto, con, para ambos, la más poderosa de las razones en contra: "Pero al llegar agosto y el verano ...alliiiiiii no hayyyyyyy playa, vaya, vayaaa, no hay plaaaaaya, vaya, vaya"

19 de octubre

O, en adelante, el "Día Que Descubrí La Pistola de Silicona Caliente". Paso la mañana reparando, uniendo y siliconeando y, poseída por el demonio del bricolaje, despego cosas para volverlas a pegar. Tan animada estoy que cuando salimos para comer con unos amigos, me echo al bolso la pistolita, por si, por un casual, rompemos algo en el restaurante ... Y yo, que me horrorizo ante todo tipo de armas, y presumía de no haber disparado nunca ni en la feria, me dejo conquistar por un arma de construcción masiva venida de Taiwan....... Soy, ay, una mujer a un gatillo de plástico pegada

21 de octubre

Domingo pasado por agua. Lluvia en la calle, tsunami hiper-realista en la pantalla del cine, y sollozos, hipidos y lagrimones de todas las señoras de mi alrededor, menos yo. ¿Por qué voy a ver esos dramones, si sufro en silencio dos horas de angustia y me trago lágrimas como garbanzos? Pues para no tener que oir las palabras mágicas del Chufo: ¿Estás llorando? ¡Te lo dije!! Deberíamos haber entrado a ver "Karate a muerte en Bangkok" (o algo por el estilo). Y nunca, nunca mas me quejaré de lo baja que está la marea en I. Canela (y mucho menos en Punket, en el improbable caso de que vaya).

24 de octubre

¡¡Qué gozada salir en bici después de la lluvia! Brillan los árboles sin una mota de polvo, huele la hierba y cada charco que atravieso me rejuvenece un par de años ...... El carril bici es una alfombra de agujas de pino y cortezas, y con el Mp3 en silencio, me acompaña el crujido de las ramitas caidas. Solo volvemos cuando sobre nuestras cabezas vuelven a pasar elefantes blancos de panza gris y el aire trae agua desde Portugal. La sequía se aleja entre las patas de las nubes- elefante y me acuerdo de Jorge L.Borges: "La lluvia es una cosa que sucede en el pasado". Y también hoy, Maestro.

25 de octubre

Mensaje para el lumbreras que determina "Las Fechas Importantes en la Vida de Una Mujé". Se te ha pasado añadir una, artista ......Si, a la 1ª regla, los embarazos, la menopausia, etc ...hay que añadir la que se me avecina a mí mañana. El día en que tu hijo pequeño ¡¡¡sí, sí, el pequeño!! cumple 30 años..... Se acabaron los veinteañeros en esta casa ... Y con una leve punzada de nostalgia, él y yo empezamos una nueva etapa. Para mi hijo, la década prodigiosa. Para mí, la de la satisfacción de haberlo acompañado hasta aquí.

26 de octubre

A pocas horas de Andrés, también Yimi cumple años. Lo llaman casualidad, yo puntería. Son hijos que han crecido para transformarse en amigos y que llegaron mi vida cuando yo acababa de entrar en aquella falsa madurez que te daban los veinte años de hace treinta. Cuando suenen las doce, marcaré su teléfono, y como una llamada al pasado, escucharé aquella voz que oí por 1ª vez hace 34 años ¡¡¡¡¡¡Mi maravilloso hijo mayor!!! Y como querer a alguien no es seleccionar sus partes buenas, sino asumir el todo, mi regalo de este año será admitir por fin que seas fan de Mourinho y de Extremoduro .... Felicidades, Yimi .

27 de octubre

¡Qué nivel! ¡He cocinado con un chef francés en mi propia cocina!!!!. Vale que solo tiene cinco años y medio, es mi vecino Silvestre y que hemos hecho un simple bizcocho de limón. Pero en el gorro y el delantal que traía puesto lo decía muy clarito: Le chef c´est moi .... Y ya se sabe que los niños franceses al nacer vienen todos de París, y traen una baguette y un libro de recettes bajo el brazo. ¡¡Bon appétit !!

4 de noviembre

Sister 5 y sus niñas vuelven a Madrid, sin haber visto el sol en este puente. En cuanto la dejamos en el tren (a ella y su equipaje: 3 maletas, un marido y dos enanas terror-del-vagón), me someto a una cura anti-ternura, para salvar un corazón que se vuelve de merengue cuando las tengo cerca. Es un tratamiento de choque: el Chufo me lleva al cine a ver a James Bond .... Y funciona, y cuantos mas coches vuelan, helicópteros explotan y mas trompazos recibe y reparte 007, mas rápido me sacudo la penita de dejarlas en el andén, entrando en un tren que las aleja de mi. Y además, ver como le sacuden al Bardem, no tiene precio jijijijji

Este libro se terminó de imprimir en los talleres de
Publidisa, en Sevilla, el 28 de Diciembre de 2012,
día de los Santos Inocentes.

www.ingramcontent.com/pod-product-compliance
Lightning Source LLC
Chambersburg PA
CBHW071349170626
46811CB00003B/1050